JN087237

トラベラーズノートと歩く

東京のかわいい街さんぽ

Tamy

山と溪谷社

もくじ

Part 1 心がワクワクする街さんぽ

Part 2

特別な日を味わう昼飲みさんぽ

コラム

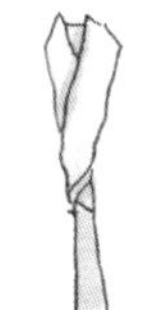

・本書に掲載の建築物や店舗の情報等は、2024年3月現在のものです。

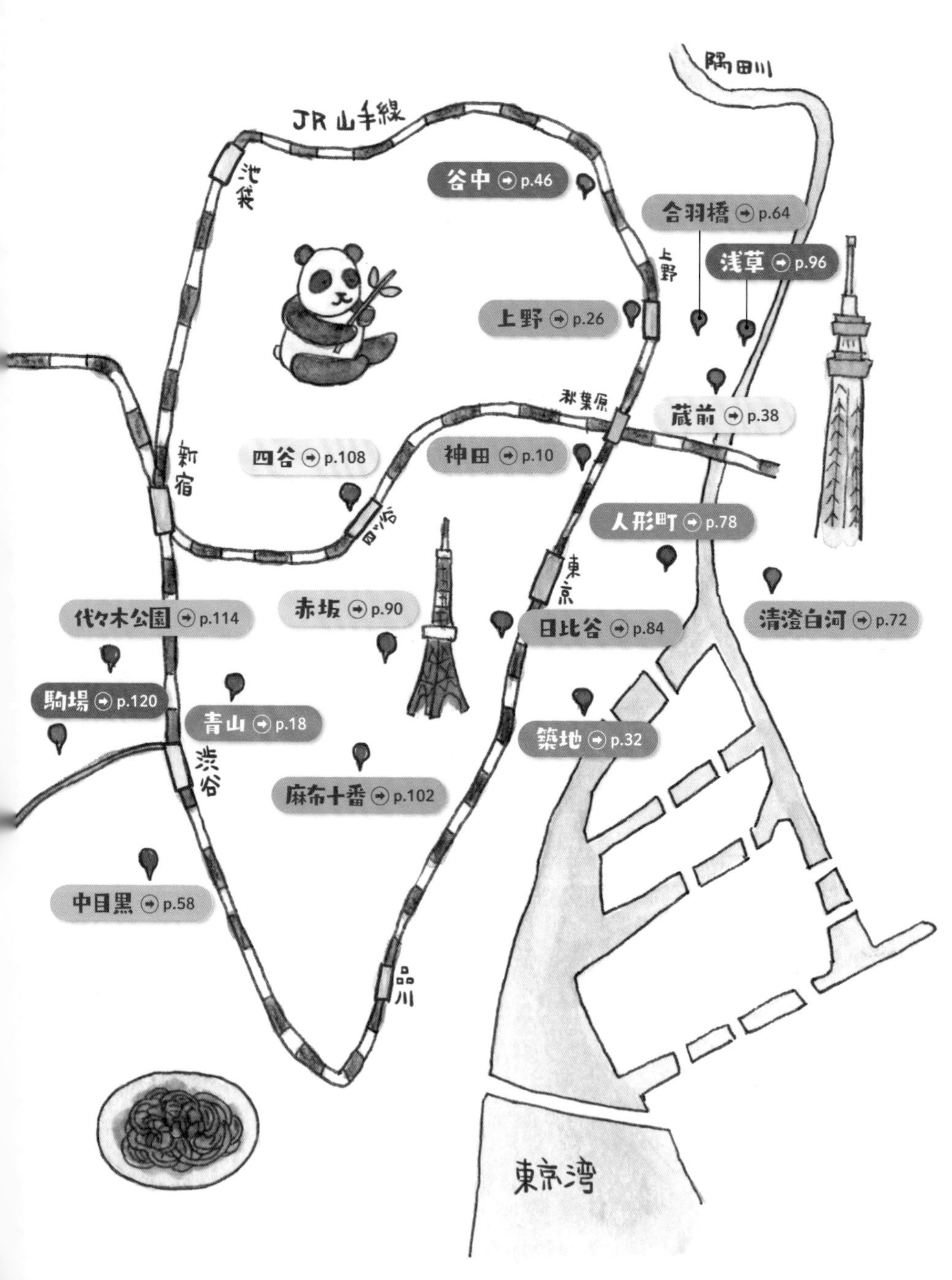

隅田川
JR山手線
池袋
谷中 p.46
合羽橋 p.64
浅草 p.96
上野
上野 p.26
秋葉原
蔵前 p.38
新宿
四谷 p.108
神田 p.10
四谷
人形町 p.78
東京
代々木公園 p.114
赤坂 p.90
日比谷 p.84
清澄白河 p.72
駒場 p.120
青山 p.18
築地 p.32
渋谷
麻布十番 p.102
中目黒 p.58
品川
東京湾

東京のかわいい街さんぽMAP

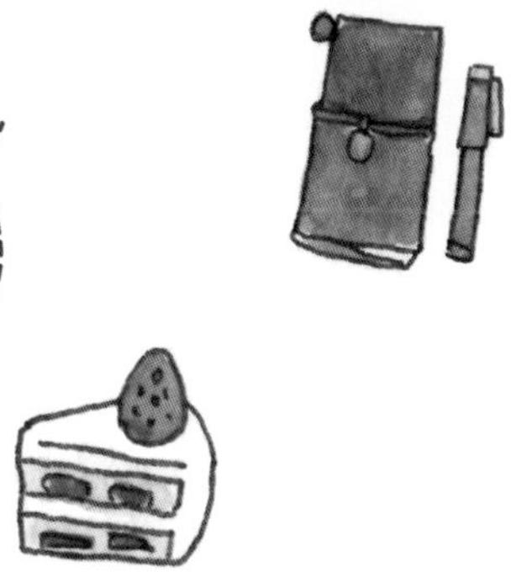

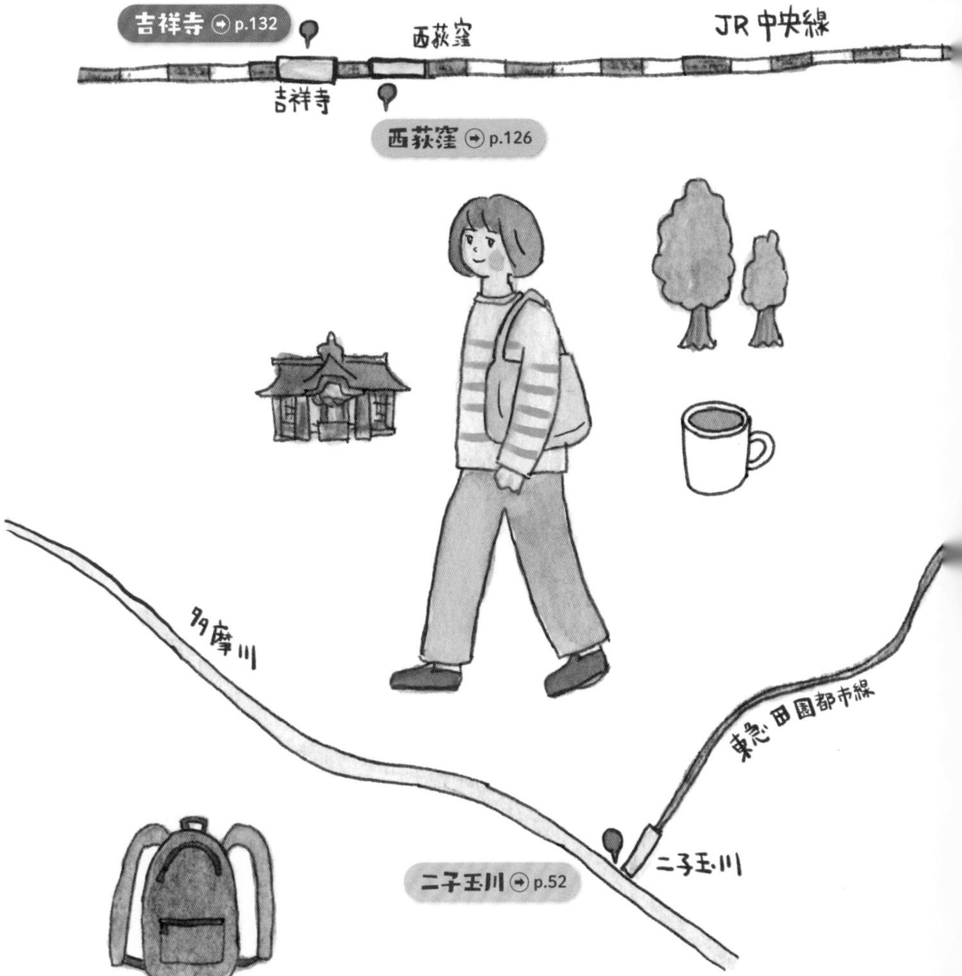

吉祥寺 ➔ p.132

西荻窪

JR 中央線

吉祥寺

西荻窪 ➔ p.126

多摩川

東急 田園都市線

二子玉川

二子玉川 ➔ p.52

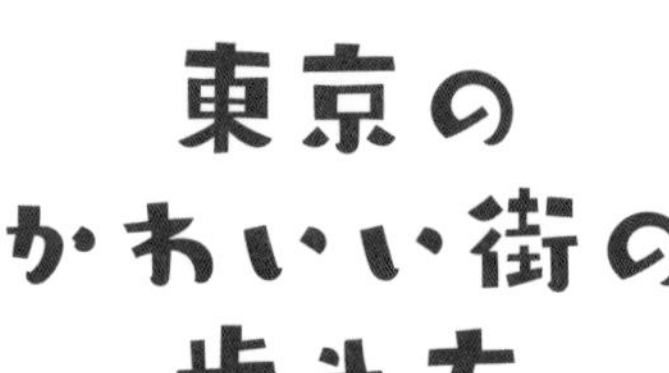

Tamy流 東京のかわいい街の歩き方

水筒

スニーカー

もともと神社仏閣が大好きで、御朱印集めをするためにはじめた東京さんぽ。福岡出身なので、どこへ行っても地方から観光にやって来た気分で歩いています。「次はここに行こう!」とエリアが決まるのは、同じ街に行きたい場所が3つ以上重なった時。以前は子どもが小さかったので、学校から帰ってくるまでというタイムリミットがありましたが、最近は時間に余裕が出てきました。定番の持ち物は、買ったケーキやパンの形を崩さずに持って帰ってくるためのエコバッグと御朱印帳、外のベンチに座るときに敷くござ代わりの小さなレジャーシート。グーグルマップで目的地までの道を調べるので、充電切れを防ぐスマートフォン用のモバイルバッテリーも必需品です。革製のトラベラーズノートと鉛筆は、日が暮れると写真を撮っても暗いので、後から記憶をたどれるように、現地で軽くイラストを描き起こす時に使います。傷つきやすいノート類やモバイルバッテリーは、ポーチに入れておくと安心です。夏場は水分補給ができる小さな水筒や保冷バッグを持っていくことも。靴は歩きやすいスニーカーが基本ですが、レストラン

革靴

バッグ

折りたたみ傘

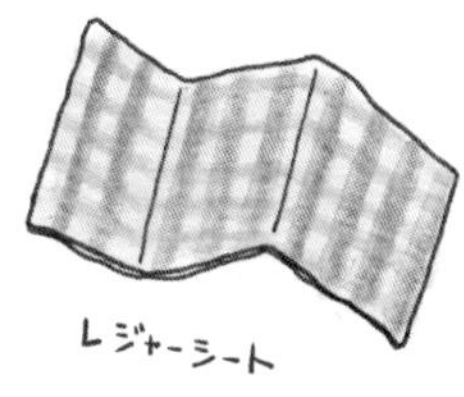

を訪れる日などは革靴に履き替えます。

目的地に着いて、お目当ての御朱印やおいしいランチをいただいたら、かならず家族にお土産を買って帰ります。よく選ぶのは、人気店のパンやスイーツ、和菓子、お惣菜など。色々なスポットをめぐるうちに、「このレストランでは向かいのベーカリーのパンを使っているんだな」など、地域の店同士のつながりが見えてくることもあります。また、美術館や博物館などのミュージアムめぐりや、歴史的な建築物を目に焼き付けることも、感動をもらえる特別な体験です。

学生時代から旅先でスケッチするのが大好きだった私が、絵日記をインスタグラムで発信するようになって9年目。街の景色や建物、地元の名物グルメは、どれも絵心をくすぐられるモチーフです。「この風景は絵になりそう!」などと、さんぽしながら表現したいことをイメージすることも増えました。心がワクワクする美しい景観を描きながら「どんな魅力的な街も、人の手によって作られているんだなぁ」と、東京の素晴らしさをしみじみと感じています。

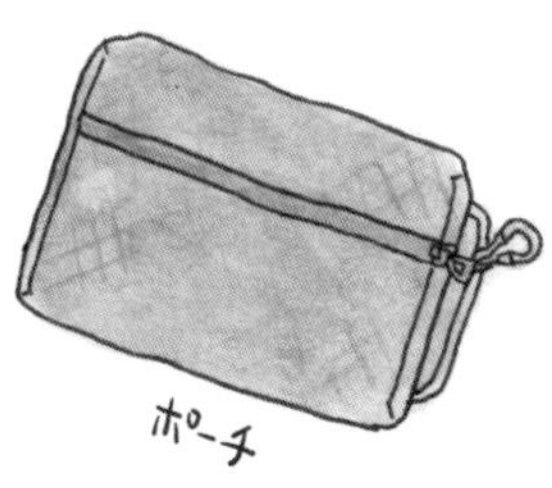

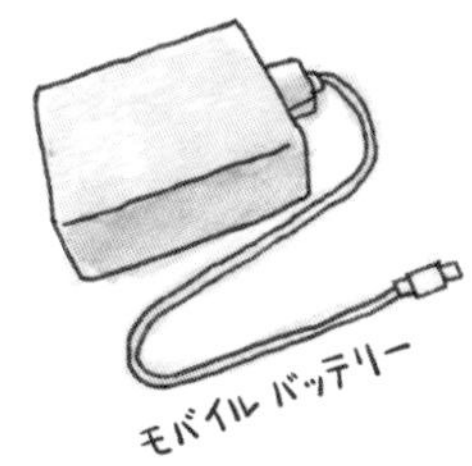

愛用の文房具グッズ その❶

好きな水彩紙やクラフト紙などのリフィルをゴムバンドで挟むだけで使える自由度の高いトラベラーズノートは、9年ほど愛用中。店舗限定品やコラボデザイン物を探したり、パスポートサイズが選べたり、チャームをつけてカスタマイズしたりする過程も楽しんでいます。エッチャーのミニパレットは、トラベラーズノートへの描画にちょうどいいサイズ。陶器ならではの使い心地の良さも好きです。鉛筆と消しゴムは子どもと共有しています。

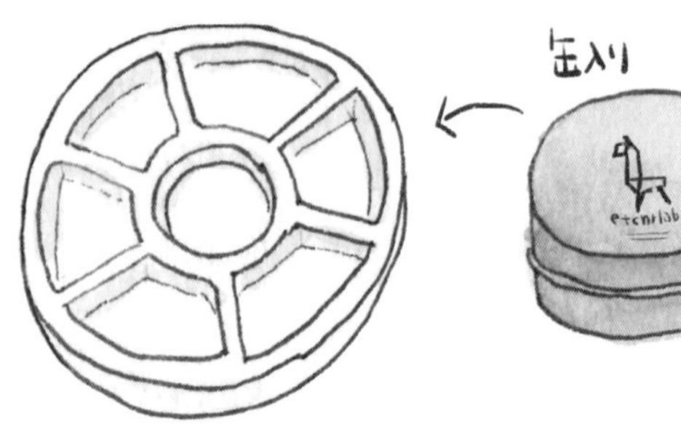

エッチャー ミニパレット
陶器製2枚組

三菱鉛筆
uni 消しゴム
事務・製図用

トラベラーズノート
レギュラーサイズ

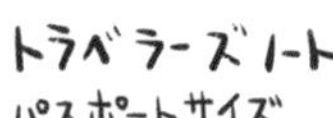

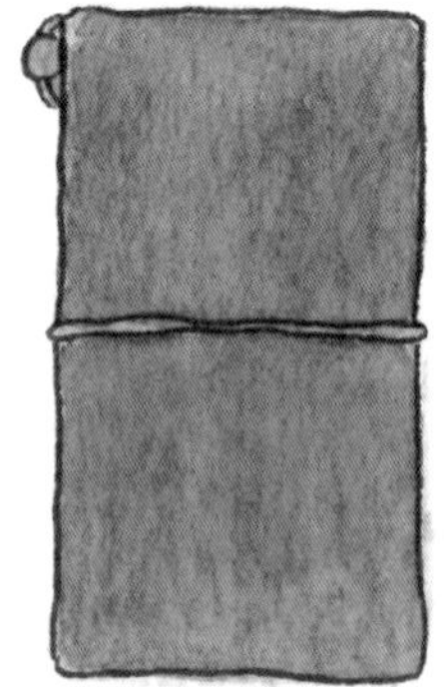

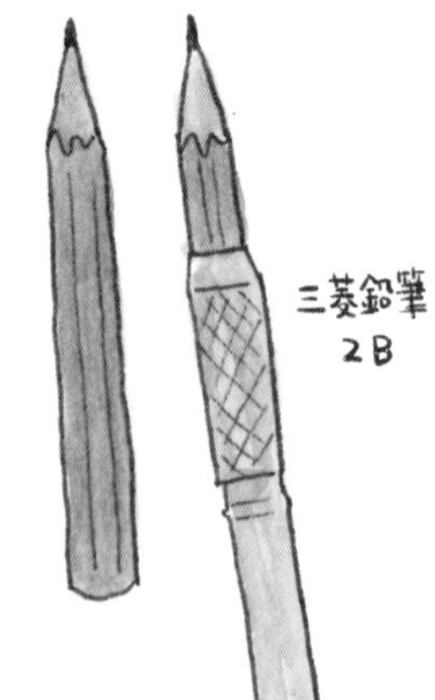

トラベラーズノート
ブラスクリップ

Part 1

心がワクワクする街さんぽ

家庭や仕事が中心で自分のことを後回しにしがちな時ほど、自分自身を取り戻すために外に出かけたくなります。少し距離はあるけれど、ずっと行きたかった飲食店、パワーをいただける神社、人気のスイーツ店やカフェ。電車に揺られる時間も、目に飛び込むアートや街の景色も、店主との会話も、街さんぽは非日常ならではのワクワクする瞬間です。目的の場所にたどり着いた達成感はかけがえのない宝物。帰宅後も街の素晴らしさに思いを馳せます。

パワースポットを詣で、
レトロな近代建築をめぐる

神田

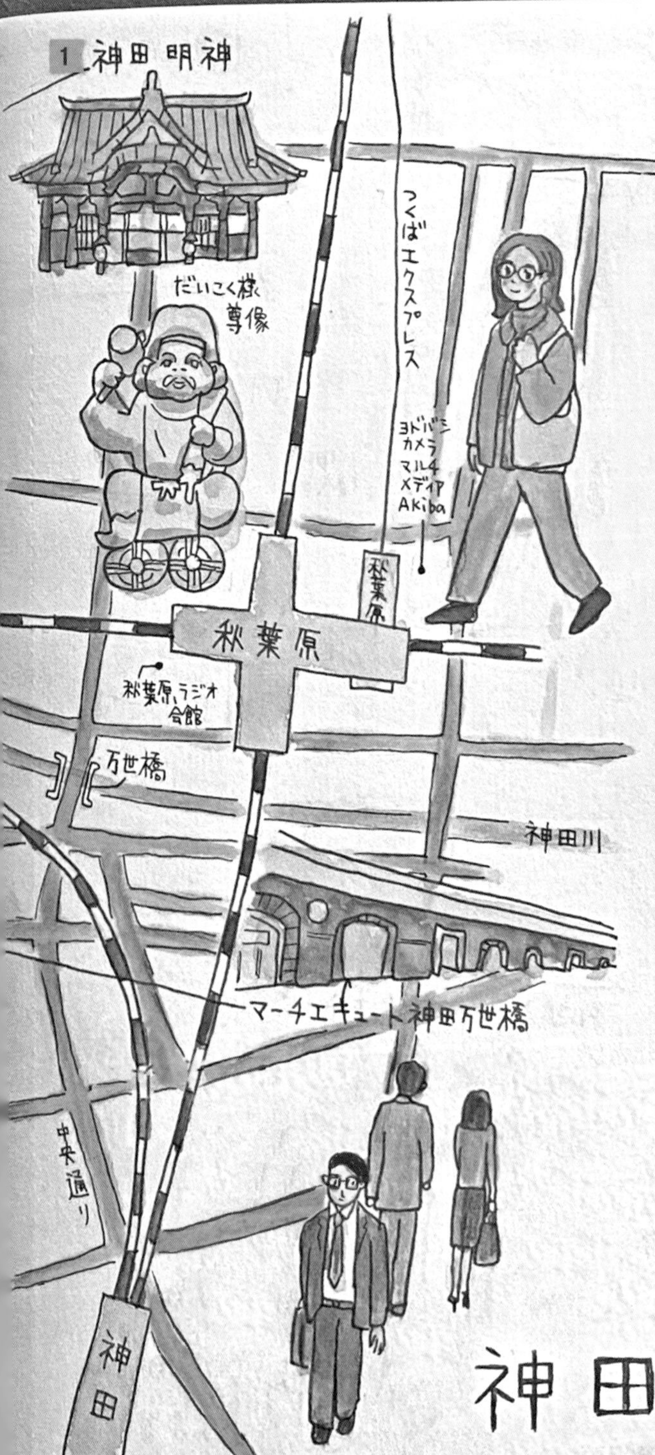

1 神田明神（神田神社）
➡ p.13
住 東京都千代田区外神田2-16-2
HP https://www.kandamyoujin.or.jp/

2 湯島聖堂
➡ p.16
住 東京都文京区湯島1-4-25
HP http://www.seido.or.jp

3 近江屋洋菓子店
➡ p.15
住 東京都千代田区神田淡路町2-4
HP https://www.ohmiyayougashiten.co.jp/

TRAVELER'S COMPANY — JAPAN — TRAVELER'S notebook MADE IN JAPAN

4
鳥すきやき ぼたん
➡ p.14
㊟ 東京都千代田区神田須田町1-15
HP https://www.sukiyaki-botan.co.jp/

5
いせ源
➡ p.14
㊟ 東京都千代田区神田須田町1-11-1
HP https://isegen.com/

6
竹むら
➡ p.14
㊟ 東京都千代田区神田須田町1-19

7
神田志乃多寿司
➡ p.16
㊟ 東京都千代田区神田淡路町2-2
HP http://www.kanda-shinodasushi.co.jp/

8
神田まつや
➡ p.12
㊟ 東京都千代田区神田須田町1-13
HP http://www.kanda-matsuya.jp

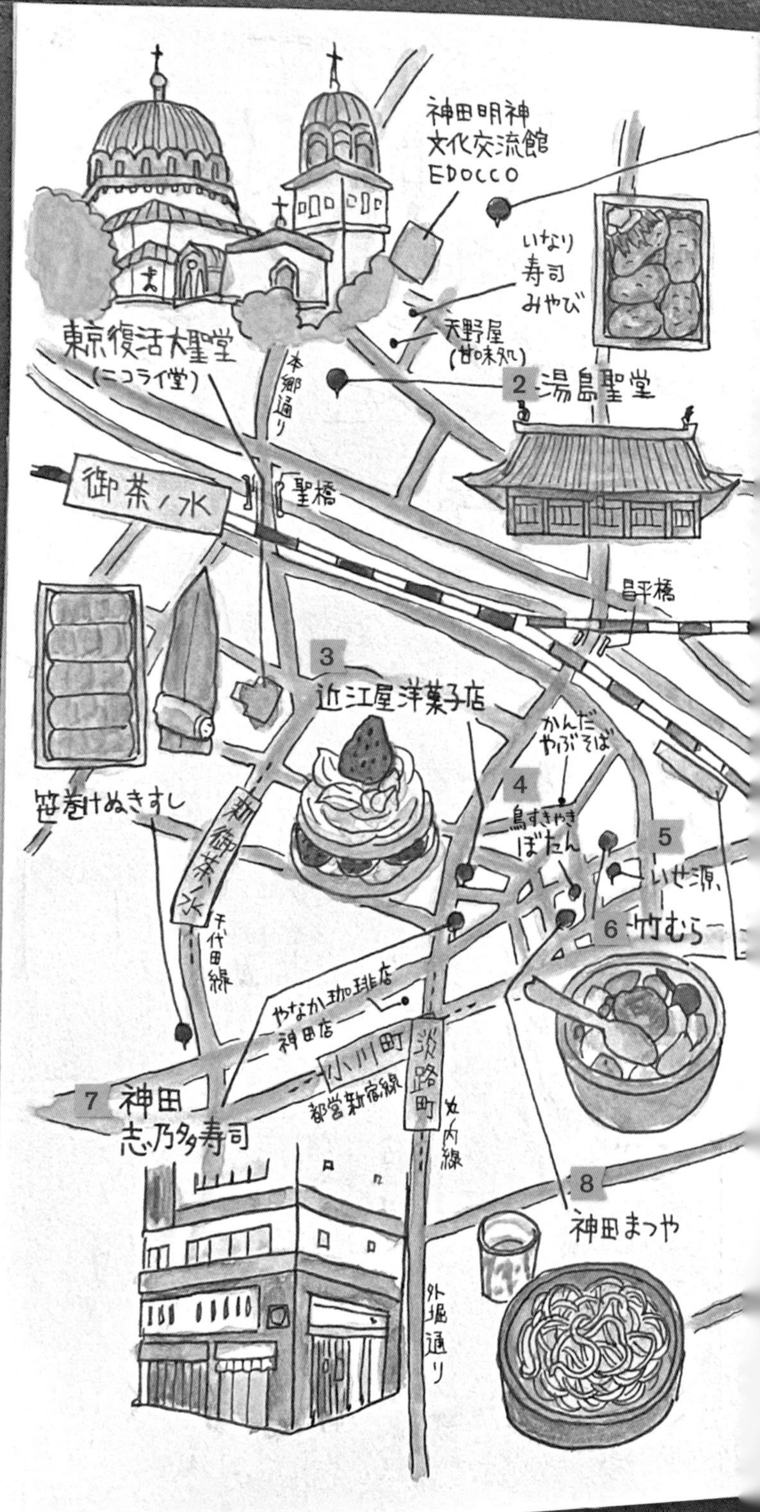

神田まつや

1884(明治17)年創業の蕎麦屋

お酒を注文すると
お通しに蕎麦味噌が
ついてくる

多くの人が
注文していた
焼き鳥

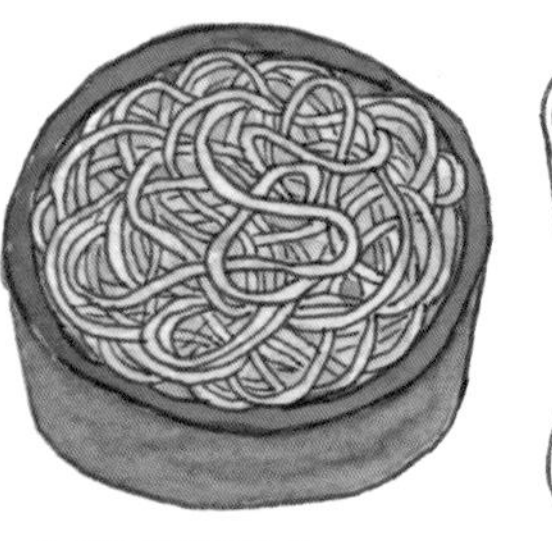

ごまそば

風味豊かな
ごまつゆで
いただく

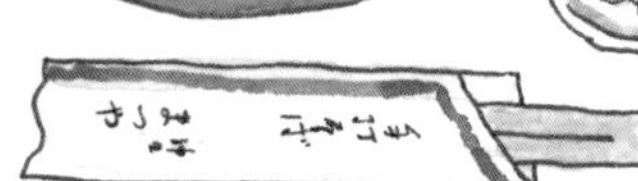

約1300年の歴史があり、武将平将門が祀られている神田明神と、中国の儒学者・孔子が祀られている湯島聖堂を目指して神田へ。健康増進をはじめ数々のご利益があるパワースポットの名所をハシゴします。2種類の味から選べるおまいり豆や、すりおろし生姜がたっぷり入った神社声援(と書いてジンジャエール!)など、ユニークな神田明神ラベルをお土産に購入。ランチでは創業130年以上の人気そば屋・神田まつやで、伝統のごまそばや焼き鳥を堪能しました。

おまいり豆
落花生を米粉でくるんで
焼き上げたお菓子
きなこと醤油どちらも人気

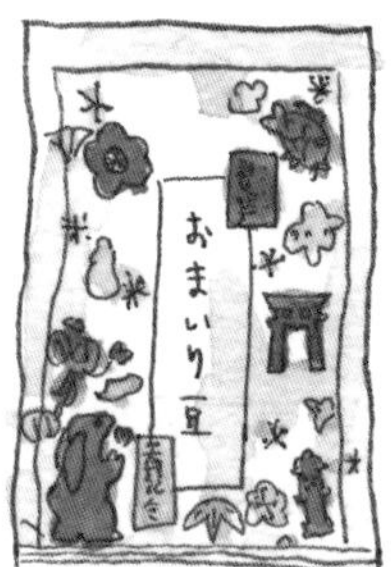

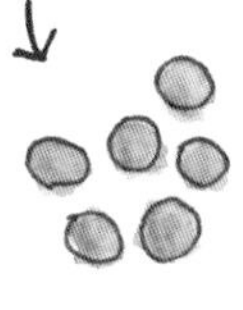

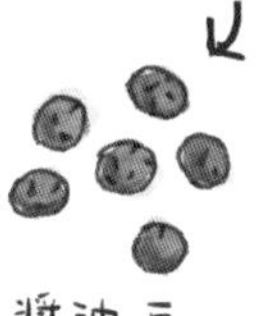

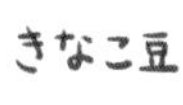

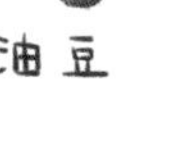

仕事のお守り 名刺入れ ケース付
仕事運におすすめのお守り

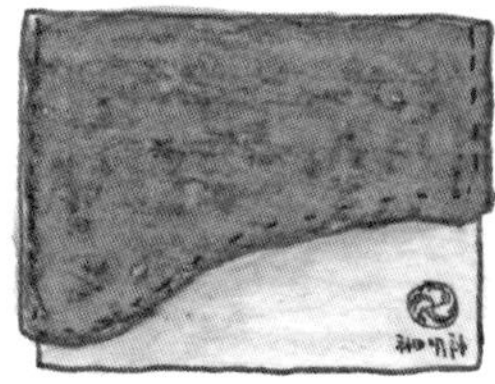

神田明神文化交流館
「EDOCCO」

神社声援（ジンジャエール）

ピリっと生姜がきいた
大人味のジンジャエール

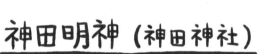

神田明神（神田神社）

江戸三大祭りの1つ「神田祭」が有名
古くから江戸の人々に親しまれている神社

竹むら

桜茶の塩けが
あんこと合います

あんみつ

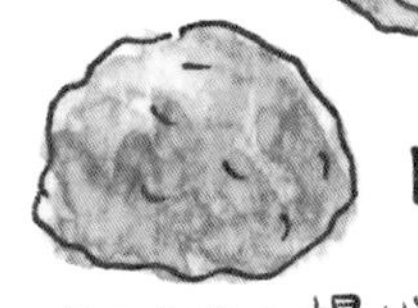

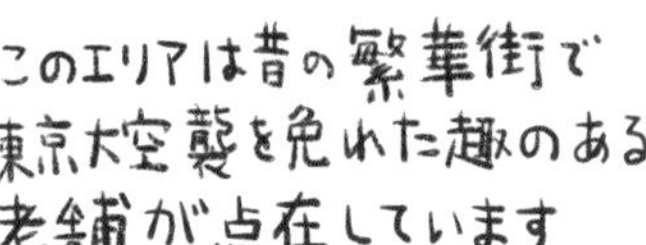

サクサクの揚げまんじゅうは
テイクアウトOK!

1930(昭和5)年に建てられた甘味処
東京都の歴史的建造物

このエリアは昔の繁華街で
東京大空襲を免れた趣のある
老舗が点在しています

あんこう料理専門店
いせ源

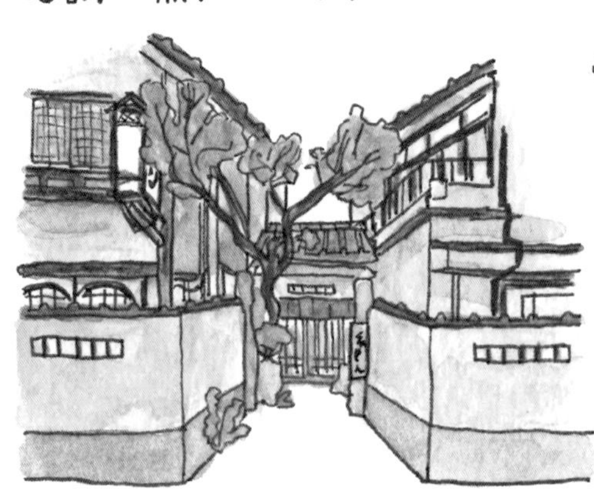

鳥すきやき
ぼたん

近江屋洋菓子店

クラシックな佇まいの老舗洋菓子店

ケーキ箱や包装紙がレトロでかわいい

店員さんの制服が素敵

大人気 フルーツポンチ

ケーキは昔ながらの懐かしい味でファンが多い

マドレーヌ サクッとした食感

繁華街に足を踏み入れると、そこは老舗グルメ店がひしめくランチ激戦区。中でも、先ほどの神田まつやや甘味処の竹むら、鳥すきやきのぼたん、あんこう料理のいせ源が入る建物は、東京都の歴史的建造物に選定されています。というのも神田須田町周辺は、東京大空襲の戦火を幸いにも免れた「奇跡のトライアングル地帯」と呼ばれるエリア。明治創業のクラシックな雰囲気がただよう近江屋洋菓子店や神田志乃多寿司など、下町風情が残るレトロな佇まいの店舗が多いのも納得です。

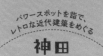

湯島聖堂

宥坐之器（ゆうざのき）

「虚なればすなわち傾き、中なればすなわち正しく、満つればすなわち覆る」
孔子が中庸の大切を説いた道具

神田志乃多寿司

1902（明治35）年創業
持ち帰り いなり寿司や巻物寿司のお店

包装紙は鈴木信太郎氏のイラスト

さらに寿司箱は谷内六郎氏のイラスト入り！

煮込まれた肉厚のかんぴょうを使ったのり巻き

街で出会ったおすすめのキャロットケーキ

nephew (代々木公園)

バニラとレモンが香る
フロスティングにブラウンシュガーの
やさしい甘さとスパイス感のある
生地、ナッツやレーズンの食感が楽しい!

THE CITY BAKERY 中目黒駅 (中目黒)

フロスティングにオレンジピール入り
しっとりした生地にはレーズン・ナッツの
他にチョコチップが入っています

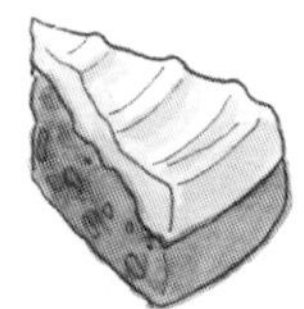

Sunday Bake Shop (幡ヶ谷)

たっぷりのフロスティングにしっとり
生地、レーズンやくるみが入っています
やさしいスパイス感、カップケーキ型です

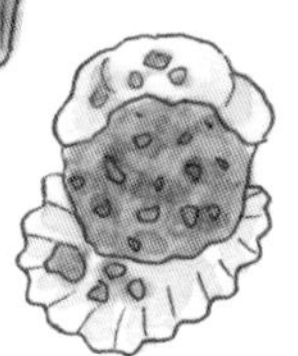

Tiny Toria Tearoom (人形町)

やさしい甘さのフロスティングに
しっとりとした生地、くるみとレーズン
がたくさん、ふんわりとしたスパイスの香り
が広がります

HUDSON MARKET BAKERS (麻布十番)

コクのあるチーズフロスティング
ナッツやレーズン入りの生地は
程よくスパイシー、キャロットケーキが
2種類ある日も

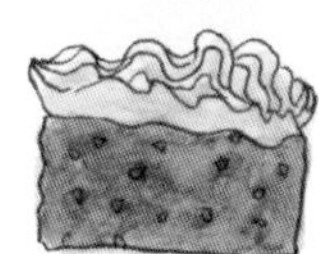

Café Lisette (二子玉川)

さわやかなチーズフロスティング
甘さ控えめでスパイス香る
むっちりとした生地でレーズン入り

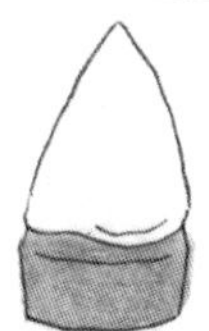

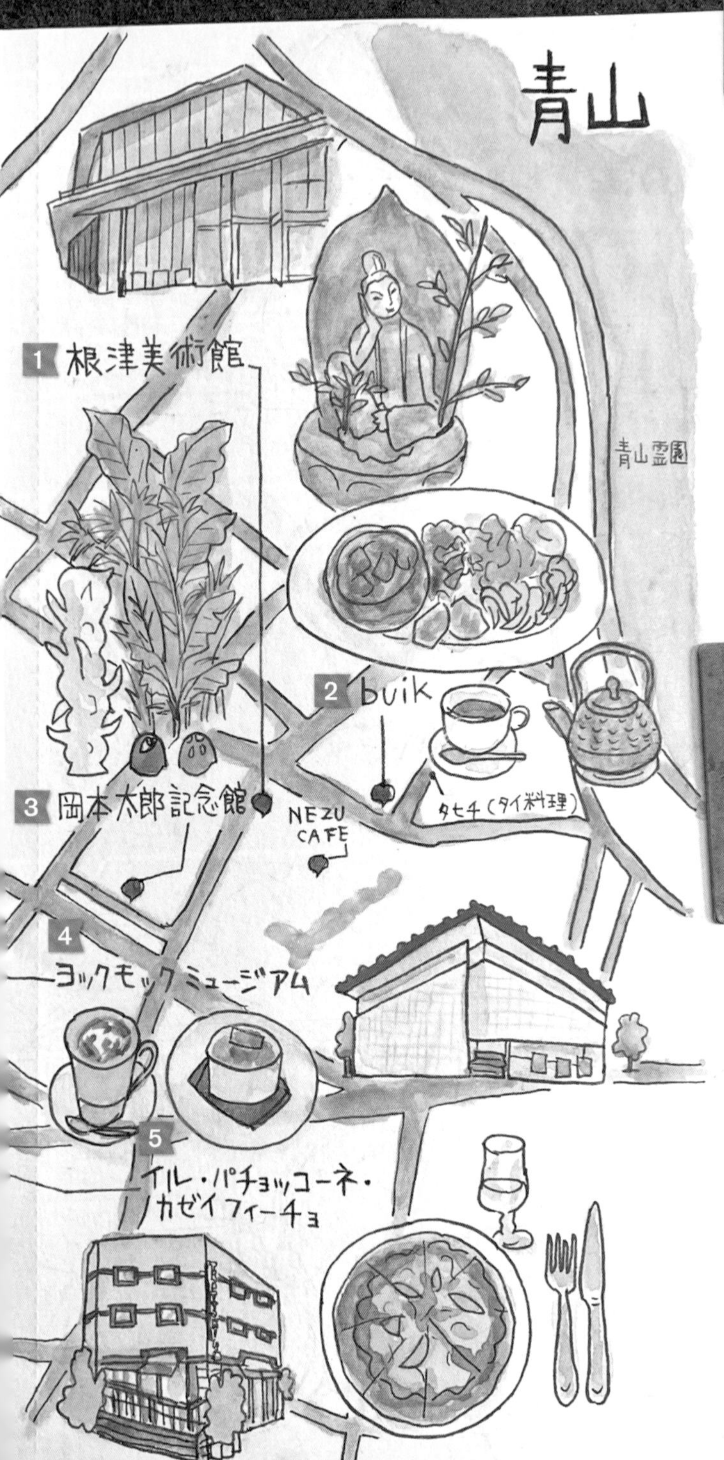

アートを楽しみながら
のんびり歩く大人の南青山

青山

1 根津美術館

➡ p.22
㊟ 東京都港区南青山6-5-1
HP https://www.nezu-muse.or.jp/
Instagram @nezumuseum

2 buik

➡ p.23
㊟ 東京都港区南青山4-26-12 1F
Instagram @buik_tokyo

3 岡本太郎記念館

➡ p.20
㊟ 東京都港区南青山6-1-19
HP https://taro-okamoto.or.jp/

4 ヨックモックミュージアム

➡ p.21
㊟ 東京都港区南青山6-15-1
HP https://yokumokumuseum.com/

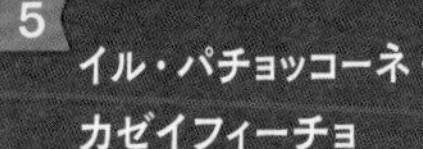

5
イル・パチョッコーネ・カゼイフィーチョ
➡ p.25
住 東京都港区南青山6-15-8
Instagram @paciocconetokyo

6
pieni takka
➡ p.24
住 東京都渋谷区神宮前4-15-3 ZELKOVA ANNEX102
HP http://pieni-takka.com
Instagram @candle_studio_pieni_takka

7
國學院大學博物館
➡ p.23
住 東京都渋谷区東4-10-28
HP http://museum.kokugakuin.ac.jp/

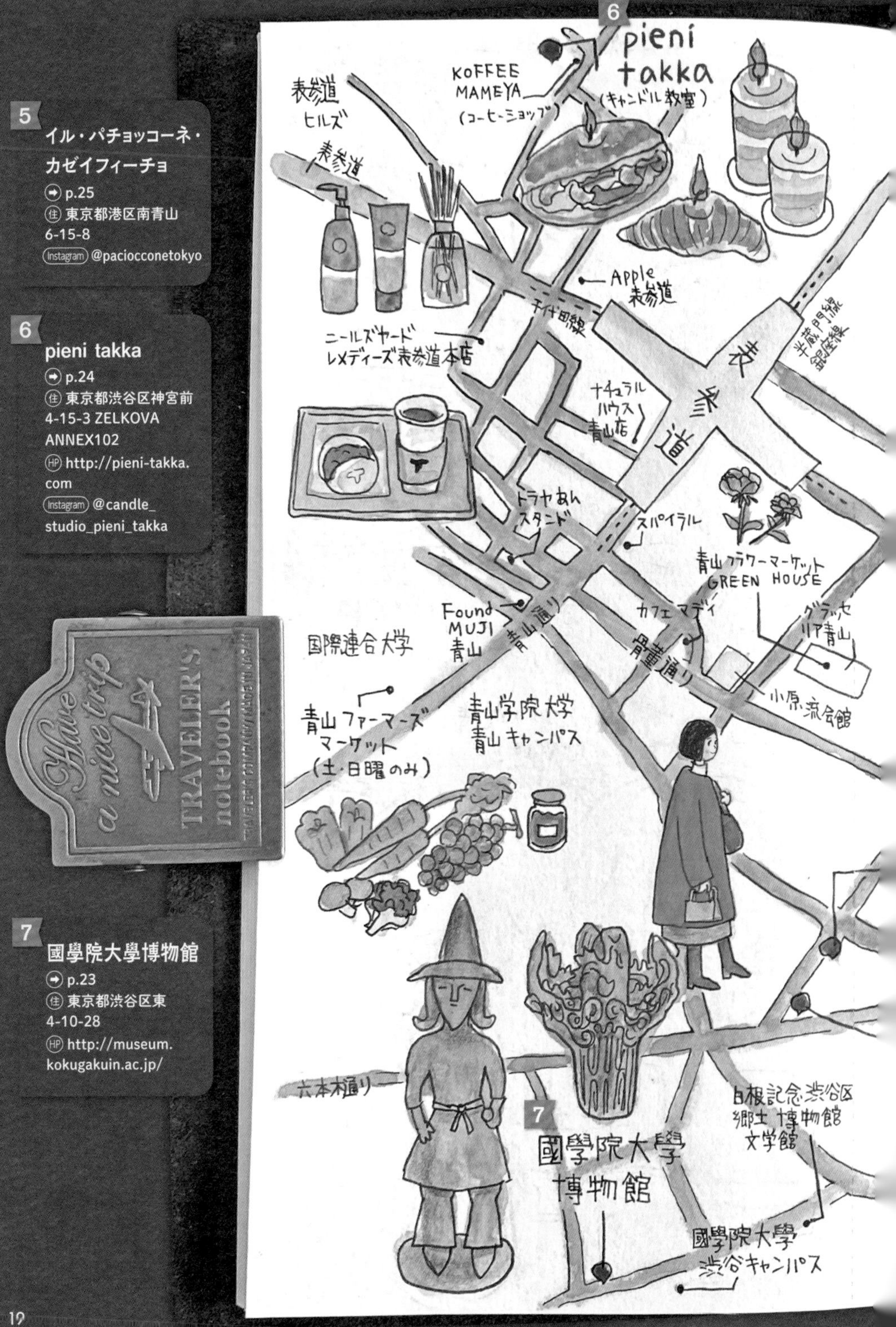

6 pieni takka（キャンドル教室）
KOFFEE MAMEYA（コーヒーショップ）
表参道ヒルズ
表参道
Apple表参道
千代田線
半蔵門線
銀座線
ニールズヤードレメディーズ表参道本店
ナチュラルハウス青山店
表参道
トラヤあんスタンド
スパイラル
青山フラワーマーケットGREEN HOUSE
Found MUJI 青山
青山通り
カフェ マディ
骨董通り
グラッセリア青山
国際連合大学
小原流会館
青山ファーマーズマーケット（土・日曜のみ）
青山学院大学青山キャンパス
六本木通り
7 國學院大學博物館
白根記念渋谷区郷土博物館文学館
國學院大學渋谷キャンパス

岡本太郎記念館

岡本太郎が42年住んでいたアトリエを公開
している記念館。アトリエに今も残されている
たくさんのキャンバスや絵具跡にエネルギーを感じます

広大な日本庭園で有名な根津美術館を目指して久々の青山へ。メインストリート周辺は若者で賑わっていますが、ひとたび小道に入ると喧騒が静まり、アーティスティックな建物やショップに目を奪われます。キッシュがいただけるカフェ、buikもそんな落ち着いた住宅街の一角に佇んでいました。岡本太郎記念館やヨックモックミュージアムなども徒歩圏内ですが、さらに広尾方面に足を延ばせば國學院大學博物館の展示も楽しめます。アートスポットが点在する南青山は、大人も楽しめる落ち着いた街でした。

ヨックモックミュージアム

2階のフォトスポットは
ピカソのアトリエを
イメージしている
光が差し込む気持ち良い
空間

ピカソのセラミック作品を
中心に展示されている
美術館

トイレの
ピクトグラムが
陶器のような
デザイン

マスキングテープ

ミュージアムの
ロゴマークモチーフの
グッズもかわいい

トートバッグ

ヨックモックといえば
焼き菓子シガール
ピカソの缶はミュージアム
オリジナル！

プティシガール「ヴァローリス」缶

ミュージアム限定のケーキ
「ヴァローリス」

「カフェ ヴァローリス」

ひとつまみサイズのケーキ
ミニャルディーズ
ピカソがセラミックを
制作した南仏の町
ヴァローリスにちなんで
付けられています

根津美術館

エントランスホールでは仏像を展示、

オンライン予約制
庭園は美術館入館者
のみ入場可
詳細はホームページで

和モダンなアプローチ

チケットは美術館蔵の
重要文化財「双羊尊」の
デザイン

NEZUCAFÉで庭園の緑を
愛でながらティータイム

茶室が4棟もある広大な庭園

國學院大學博物館

大学が所有する日本の文化財を
展示公開している博物館です

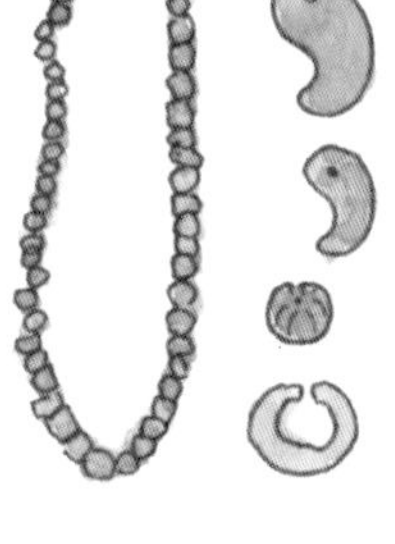

展示替えあり

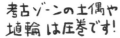

考古ゾーンの土偶や
埴輪は圧巻です!

buik

扉を開けるとおいしそうな
焼き菓子が目に飛び込んできます
落ち着いた雰囲気の居心地の良いカフェです

ランチセットメニューの
キッシュセット

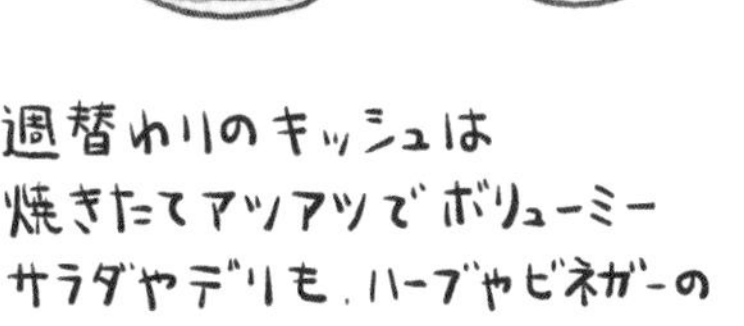

週替わりのキッシュは
焼きたてアツアツでボリューミー
サラダやデリも、ハーブやビネガーの
使い方がセンス良くどれもおいしい!

Ayano先生
ワックス(ろう)を
溶かします
固まってきたら
成形します
着色用のワックスで
色をつけたり ツヤを出したり
完成
芯を通したら
キャンドルの
出来上がり
もったいなくて
火を灯せないかもしれません

キャンドルスタジオ

pieni takka

(ピエニ タッカ)

表参道のキャンドルスタジオで
キャンドルワークショップに参加しました!
かわいいキャンドルに囲まれた
癒やしの空間で作ります
Ayano先生の説明はわかりやすく
初心者の私でも なんとか形になり感動!

ヨックモックミュージアム内に併設された「カフェヴァローリス」や、根津美術館の庭園内にある「NEZUCAFÉ」といったカフェも賑わっていますが、本場イタリアンを味わうなら六本木通り沿いの一軒家トラットリア、イル・パチョッコーネ・カゼイフィーチョへ。お一人様でも気軽にピザやパスタなどが楽しめます。そして手を動かすのが大好きな私、ピエニタッカのキャンドルワークショップに参加しました。夢中でこねたキャンドルは、ほっこりかわいい仕上がりに。習い事欲も満たされます。

イル・パチョッコーネ・カゼイフィーチョ

1998(平成10)年創業の一軒家トラットリア
モッツァレラ工房とピザ窯が1階にあり
2階はレストランです

ピザ窯で焼くピザは
クリスピーで
フレッシュなチーズが
トロリと溶けて最高です!

オリーブオイルや自家製チリオイルが
良いアクセントに!

アマトリチャーナソースの
スパゲティ ローマ風

ドルチェ

フォカッチャ

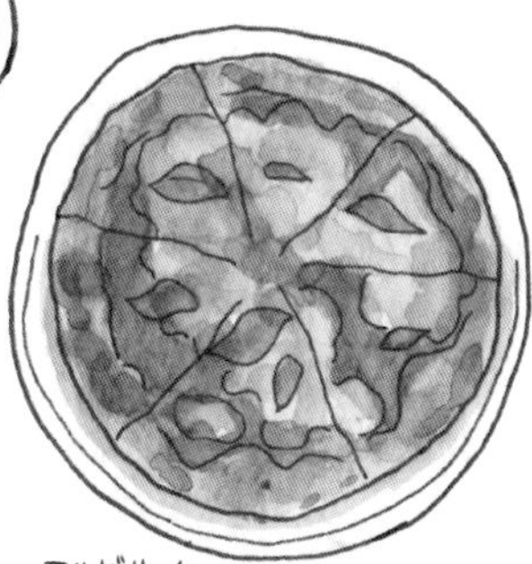

マルゲリータ

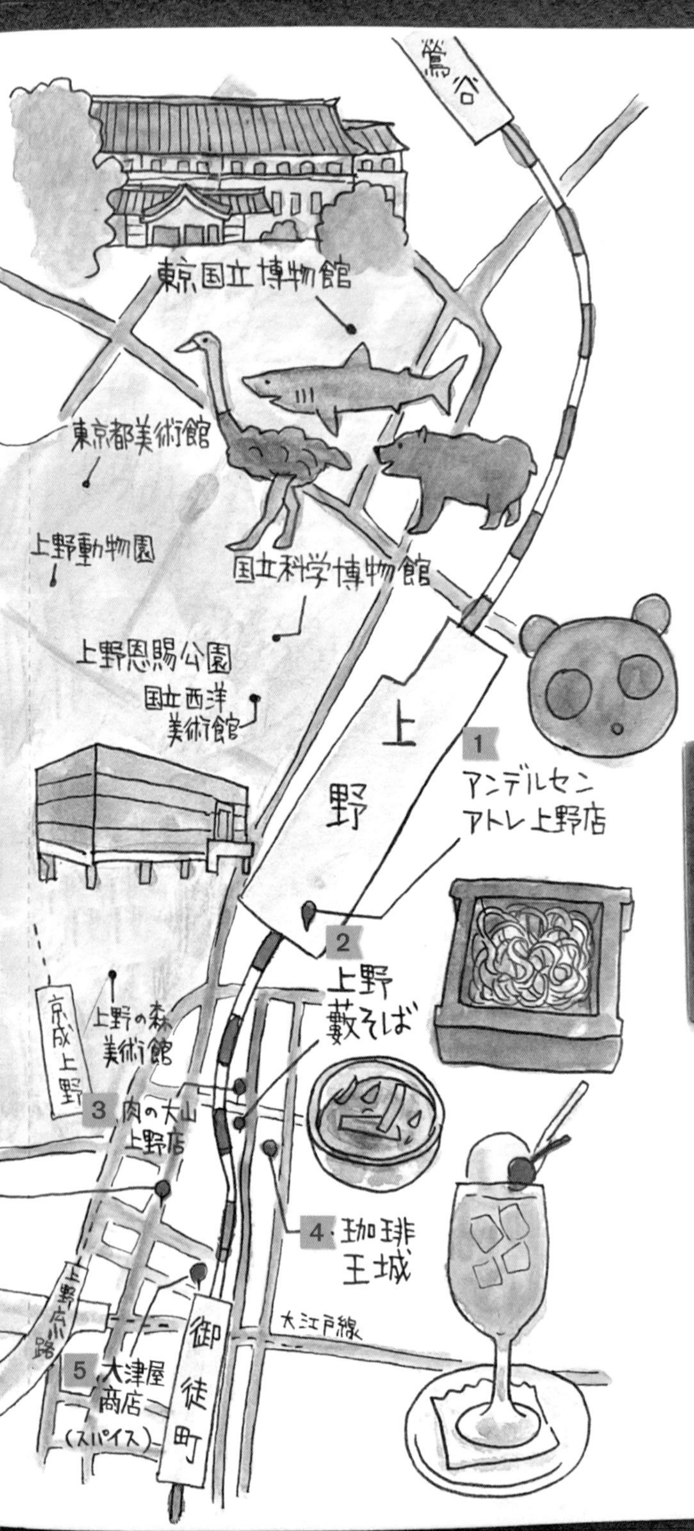

ミュージアムめぐりや食べ歩きが楽しい上野散策

上野

1 アンデルセン アトレ上野店

➡ p.31
㊟ 東京都台東区上野7-1-1　アトレ上野七番街 1F
HP https://www.andersen.co.jp/

2 上野藪そば

➡ p.31
㊟ 東京都台東区上野6-9-16
HP https://www.uenoyabusobasouhonten.com/

3 肉の大山 上野店

➡ p.29
㊟ 東京都台東区上野6 -13-2
HP http://www.ohyama.com

4 珈琲 王城

➡ p.30
㊟ 東京都台東区上野6-8-15
Ⓧ @coffeeoujou

5 大津屋商店

➡ p.29
㊟ 東京都台東区上野4-6-13
HP https://www.ohtsuya.com/

6 上野東照宮

➡ p.28
㊟ 東京都台東区上野公園 9-88
HP https://www.uenotoshogu.com

7 うさぎや

➡ p.30
㊟ 東京都台東区上野1-10-10
HP http://www.ueno-usagiya.jp/

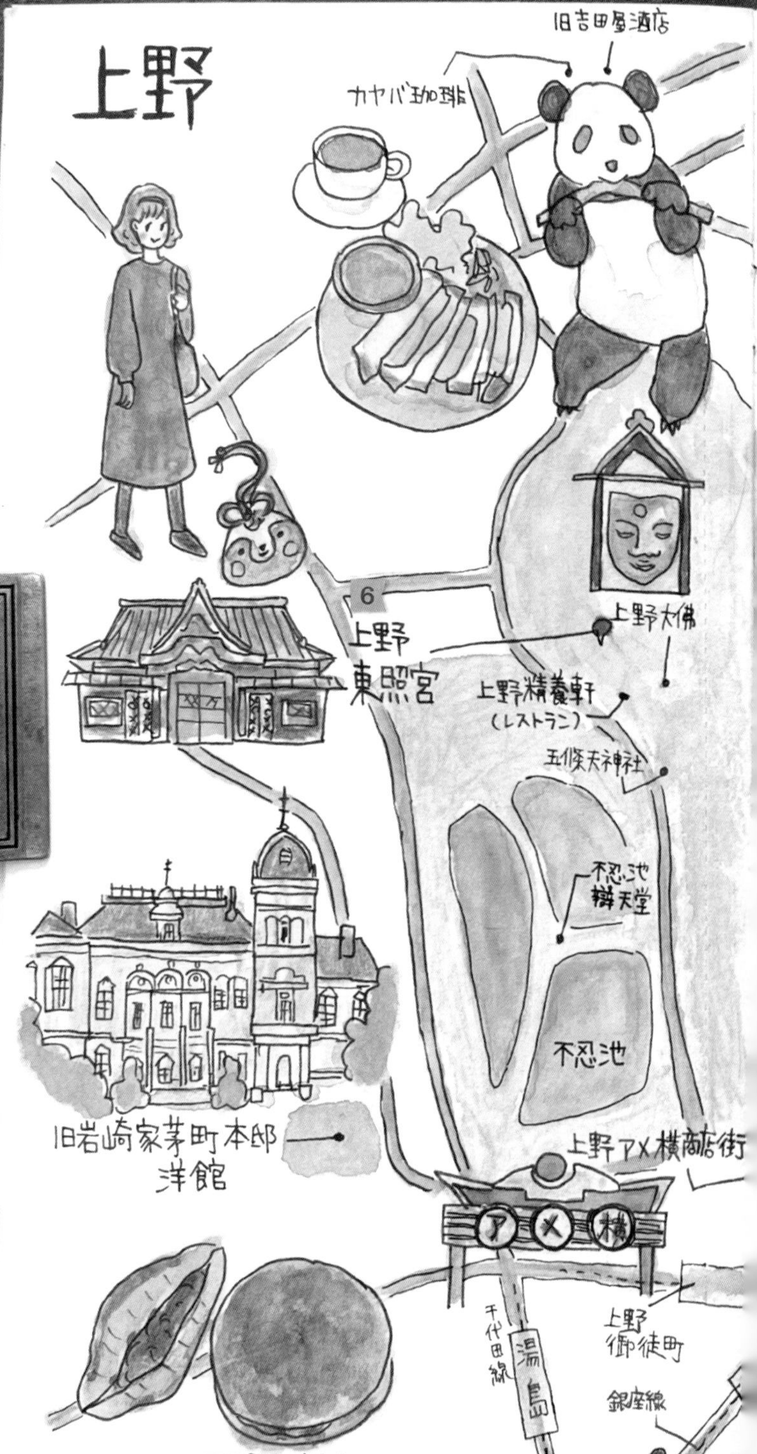

上野

旧吉田屋酒店
カヤバ珈琲
TRAVELER'S COMPANY — JAPAN — TRAVELER'S notebook MADE IN JAPAN
6 上野東照宮
上野大仏
上野精養軒（レストラン）
五條天神社
不忍池辯天堂
不忍池
旧岩崎家茅町本邸洋館
上野アメ横商店街
アメ横
千代田線
湯島
上野御徒町
銀座線
7 うさぎや

上野東照宮

上野恩賜公園に鎮座する
徳川家康公をお祀りする神社

栄誉権現社の御狸様は
受験や勝利の神様

お守りが上野らしく
かわいい

子だぬき

パンダ

国立科学博物館や東京都美術館、東京国立博物館など、大好きなミュージアムめぐりが楽しめる上野は世界的な〝芸術の街〟。徳川家康を祀る神社で有名な上野東照宮で御朱印をもらい、上野アトレにあるアンデルセンの数量限定「パンダパン」とご対面できてほっこり。上野アメ横商店街にある大津屋商店の種類豊富なスパイスは、自宅でカレーを作る時に欠かせません。肉の大山のメンチカツやうさぎやのどら焼きなど、食べ歩きにおすすめなグルメも安くておいしい庶民の味方です。

上野アメ横 商店街

400店舗が軒を連ねる商店街

クミンパウダー

スパイス カレーセット
レシピ付き

大津屋商店

アメ横にある スパイスと豆の専門店。
とくにカレーのスパイスは種類豊富!

肉の大山 上野店

ステーキやハンバーグなどがおいしいレストラン
店頭販売のメンチカツをテイクアウト

特製メンチはサクサクで
お肉がジューシー

珈琲王城（おうじょう）

人気の純喫茶、お店のレトロな感じも
メニューのラインナップも昭和の王道でたまりません！

厚切り食パンのピザトーストは
ふわっふわです！

なつめミルク

漢方メニューも

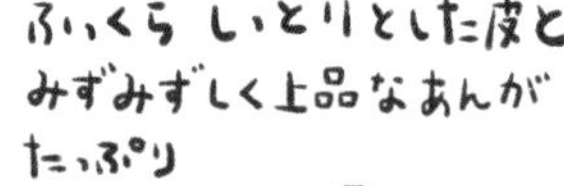

ふっくら しっとりとした皮と
みずみずしく上品なあんが
たっぷり

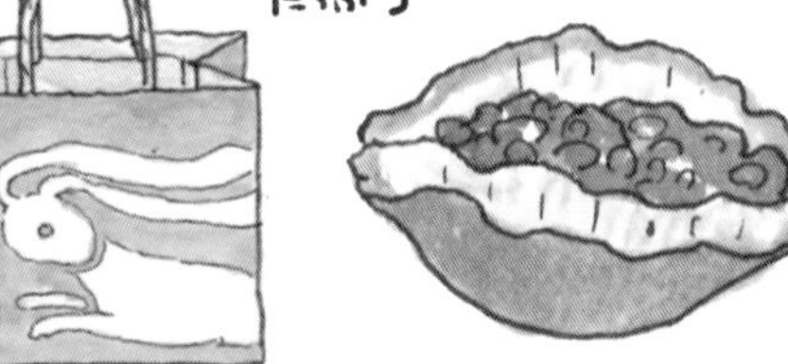

うさぎや

1913（大正2）年創業の和菓子屋さん
大人気のどら焼きを求めて
行列の絶えないお店として有名です

アンデルセン アトレ上野店

上野駅にあるパン屋さん
アンデルセン、上野店限定の
パンダパンはお土産に買いたい！

あんパンダ

パンダ食パン

パンダの クリームパン

上野藪そば

1892（明治25）年創業の歴史ある蕎麦屋さん
人気メニューは天せいろうや鴨南せいろう
一品料理もおすすめです

板わさ

あいやき合鴨

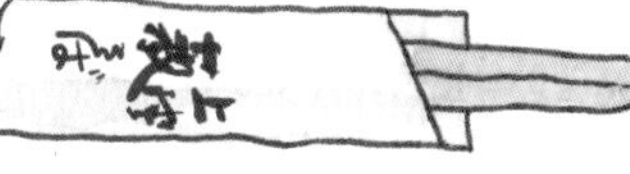

鴨南せいろうは温かい
つけ汁でいただきます

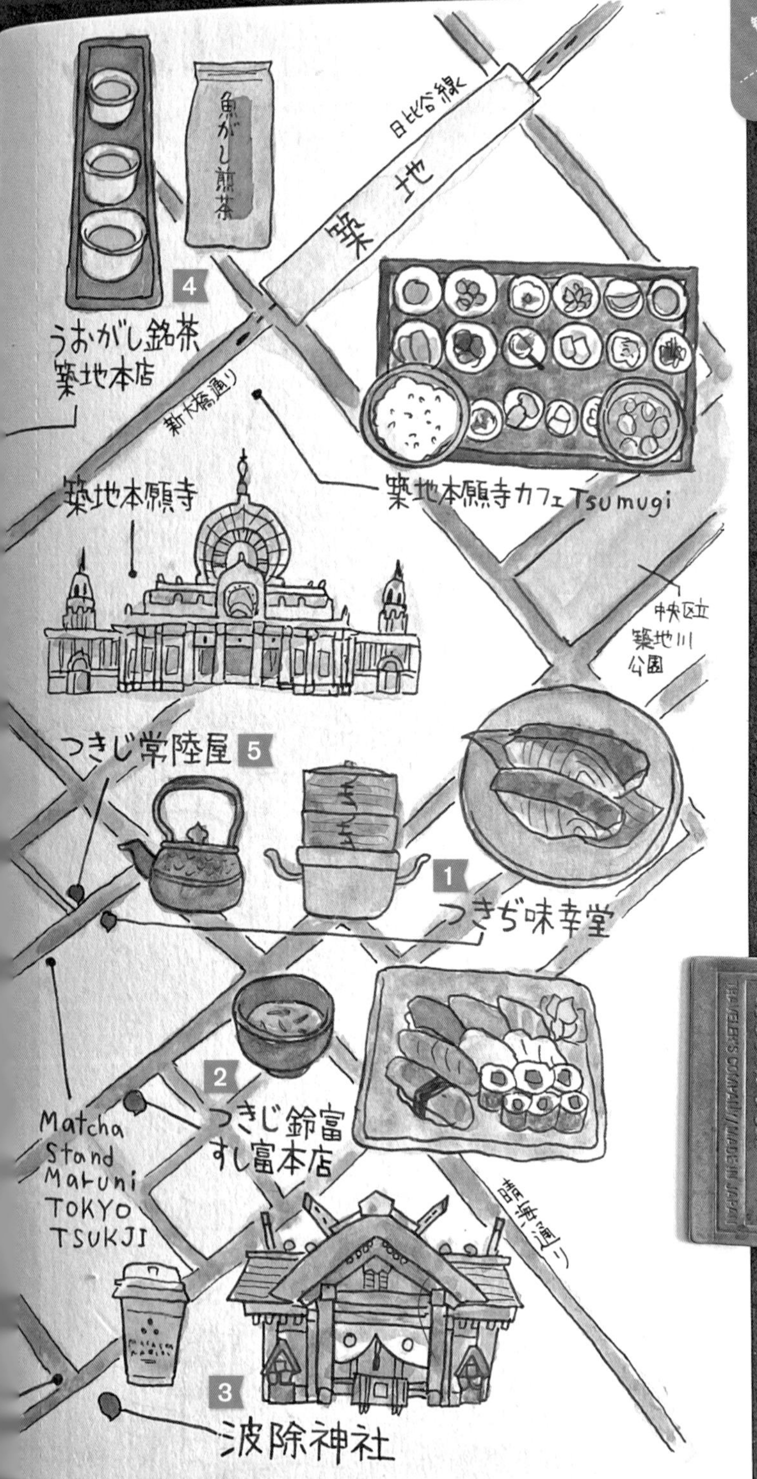

観光客と地元民が入り交じり
賑わう"東京の台所"

築地

1 つきぢ味幸堂
➡ p.36
㊟ 東京都中央区築地4-14-1
HP https://tukizimiyukido.raku-uru.jp

2 つきじ鈴富 すし富本店
➡ p.36
㊟ 東京都中央区築地6-24-8
HP https://sushitomi.net/

3 波除神社
➡ p.34
住 東京都中央区築地6-20-37
HP http://www.namiyoke.or.jp

4 うおがし銘茶 築地本店
➡ p.37
住 東京都中央区築地4-10-1
HP https://www.uogashi-meicha.co.jp/shop_tsukiji/
Instagram @uogashimeicha

5 つきじ常陸屋
➡ p.34
住 東京都中央区築地4-12-5
HP https://www.hitachiya.com

6 きつねや
➡ p.36
住 東京都中央区築地4-9-12
Instagram @tsukiji_kitsuneya

7 つきぢ松露本店
➡ p.35
住 東京都中央区築地4-13-13
HP https://shouro.co.jp

8 東源正久
➡ p.37
住 東京都中央区築地4-13-7
HP https://www.tokyo-masahisa.co.jp/

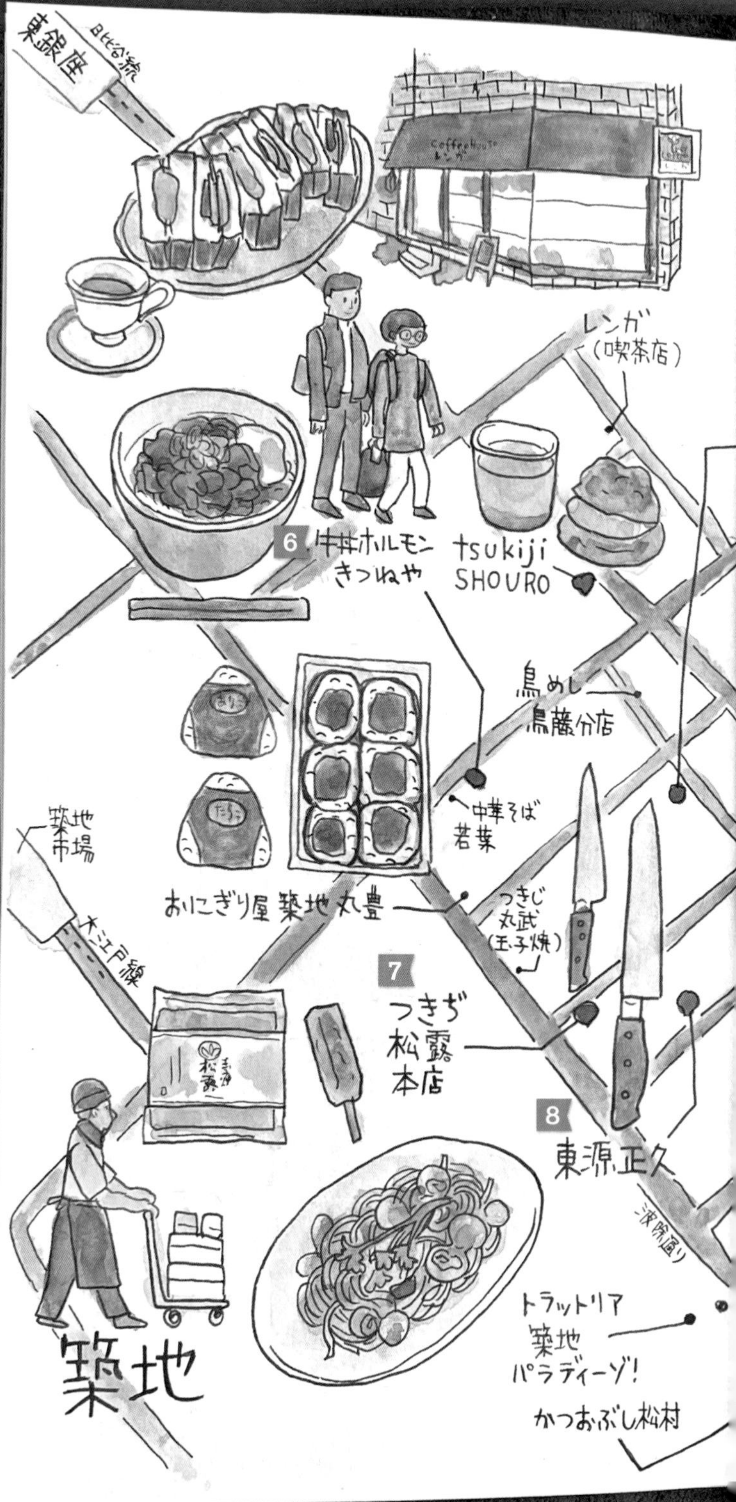

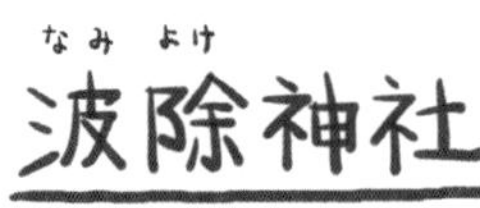

波除（なみよけ）神社

江戸市街地の整備工事で激しい波風から
この地を守ってくれた神様として祀られています
奉納された巨大な獅子頭を担ぐ大祭
「つきじ獅子祭」が有名

日本の料理道具のお店
職人手作りの道具を中心に
使いやすそうな品が揃っています

つきじ常陸屋

欲しくなる道具ばかり！

つきぢ松露本店

老舗の玉子焼専門店。
種類も豊富でファンも多い。

う巻
国産白焼きうなぎが
焼き込まれた贅沢な一品。

松露サンド
出汁たっぷりの玉子焼が
挟まったサンドイッチ。

紀州
玉子焼に紀州梅
を焼き込んだ一品
さわやかで
クセになります

コロナ禍明けに訪れると大混雑だった築地。地元の人と観光客で、足が向くスポットが分かれているのが印象的でした。地元客は、つきぢ松露本店の出汁がきいた玉子焼や、つきぢ味幸堂の西京漬けを買い求める姿が。私も、これまでサイトで取り寄せて愛飲していたうおがし銘茶の茶葉を購入し、寿司ランチをいただきました。一方、観光客で賑わっていたのが、七福神が祀られている波除神社。明治創業の包丁専門店や料理道具の専門店でも、多くの外国人観光客がお土産探しに夢中になっていました。

つきぢ味幸堂(みゆきどう)

銀ダラ切落し
6～7切

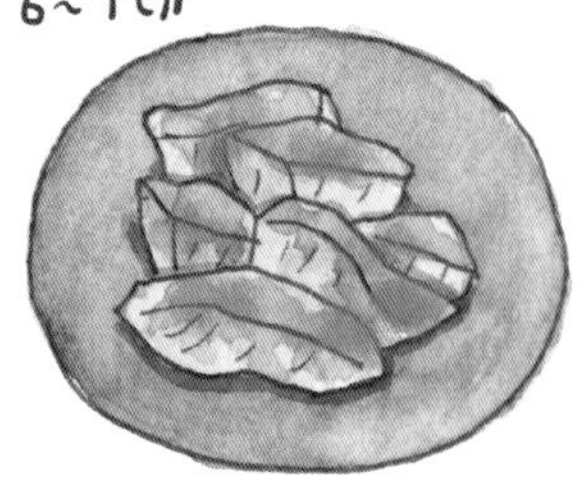

脂がのった魚を西京味噌に
漬け込んだ西京漬けが人気

きつねや

いつも行列の人気店
八丁味噌をベースにじっくり煮込んだ
牛ホルモンの丼はコクと旨みが溶け合い
絶品です

つきじ鈴富 すし富本店

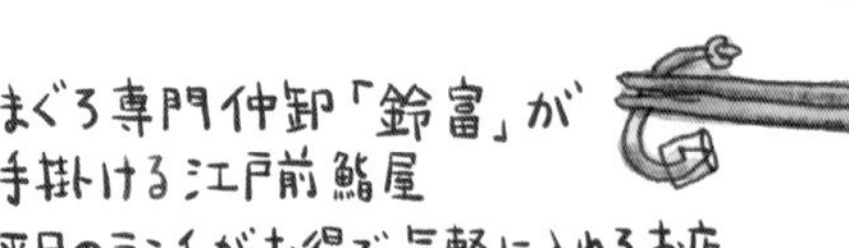

まぐろ専門仲卸「鈴富」が
手掛ける江戸前鮨屋
平日のランチがお得で気軽に入れるお店

<ruby>東源正久<rt>あずまみなもとのまさひさ</rt></ruby>

1872（明治5）年創業の包丁専門店
プロから家庭向けまで幅広い
品揃え、スタッフが丁寧に
説明してくれます。

家庭向けにステンレスの
使いやすい包丁も

うおがし銘茶 築地本店

日本茶の専門店。静岡の自社工場で丁寧に
つくられたお茶は毎日飲みたいおいしさです。

ネーミングや
パッケージが
個性的で
かわいい！

試飲でいただく
お茶のおいしさに
まず びっくりする！

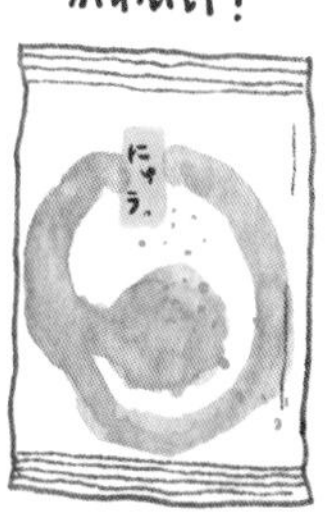

文具マニアから雑貨好きまで
"欲しい"が刺激される

蔵前

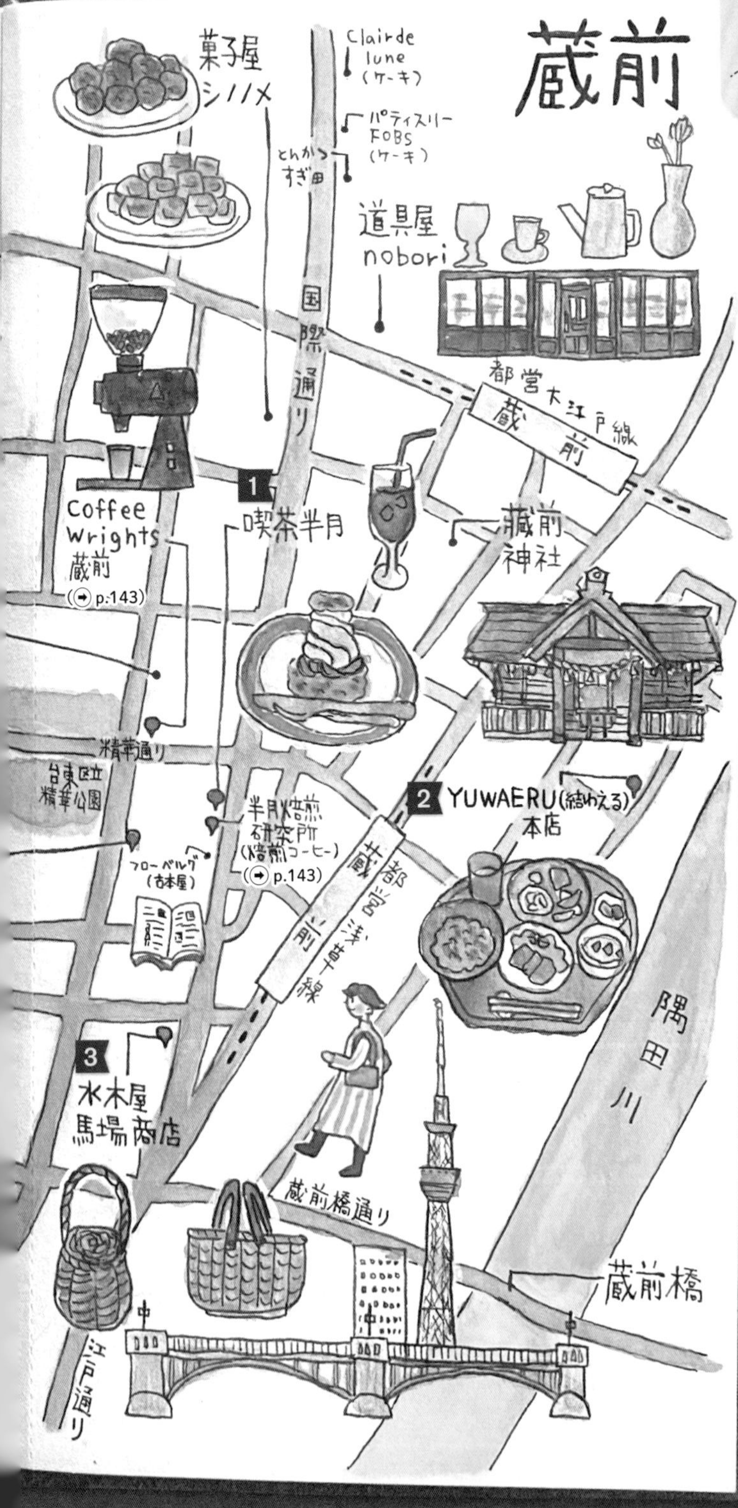

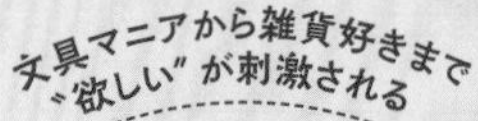

蔵前
菓子屋シノノメ
Clair de lune (ケーキ)
パティスリーFOBS (ケーキ)
とんかつすぎ田
道具屋nobori
国際通り
都営大江戸線
蔵前
1
喫茶半月
Coffee Wrights 蔵前
(➡ p.143)
蔵前神社
精華通り
台東区立精華公園
2
YUWAERU(結わえる)本店
半月焙煎研究所(焙煎コーヒー)
(➡ p.143)
フローベルグ(古本屋)
都営浅草線
蔵前
隅田川
3
水木屋馬場商店
蔵前橋通り
蔵前橋
江戸通り

1 喫茶半月
➡ p.44
住 東京都台東区蔵前4-14-11,103
HP http://www.fromafar-tokyo.com/kissahangetsu
Instagram @hangetsu_kuramae

2 YUWAERU（結わえる）本店
➡ p.42
住 東京都台東区蔵前2-14-14
Instagram @yuwaeru_honten

3 水木屋馬場商店
➡ p.40
住 東京都台東区蔵前4-6-7
HP https://www.mizukiya.jp

4 シノノメ製パン所
➡ p.44
住 東京都台東区蔵前4-35-2
HP http://www.fromafar-tokyo.com/shinonome-pan
Instagram @shinonome_pan

5
カキモリ
➡ p.42
㊟ 東京都台東区三筋1-6-2 1F
HP https://kakimori.com
Instagram @kakimori_tokyoshop

6
SyuRo
➡ p.41
㊟ 東京都台東区鳥越1-16-5
HP https://syuro.co.jp/shops/syuro/

7
REGARO PAPIRO 東京蔵前店
➡ p.41
㊟ 東京都台東区鳥越2-2-7 スギモトビル1F
HP https://www.regaro-papiro.com
Instagram @regaropapiro_tokyo

8
ダンデライオン・チョコレート ファクトリー&カフェ蔵前
➡ p.43
㊟ 東京都台東区蔵前4-14-6
HP https://dandelionchocolate.jp
Instagram @dandelion_chocolate_japan

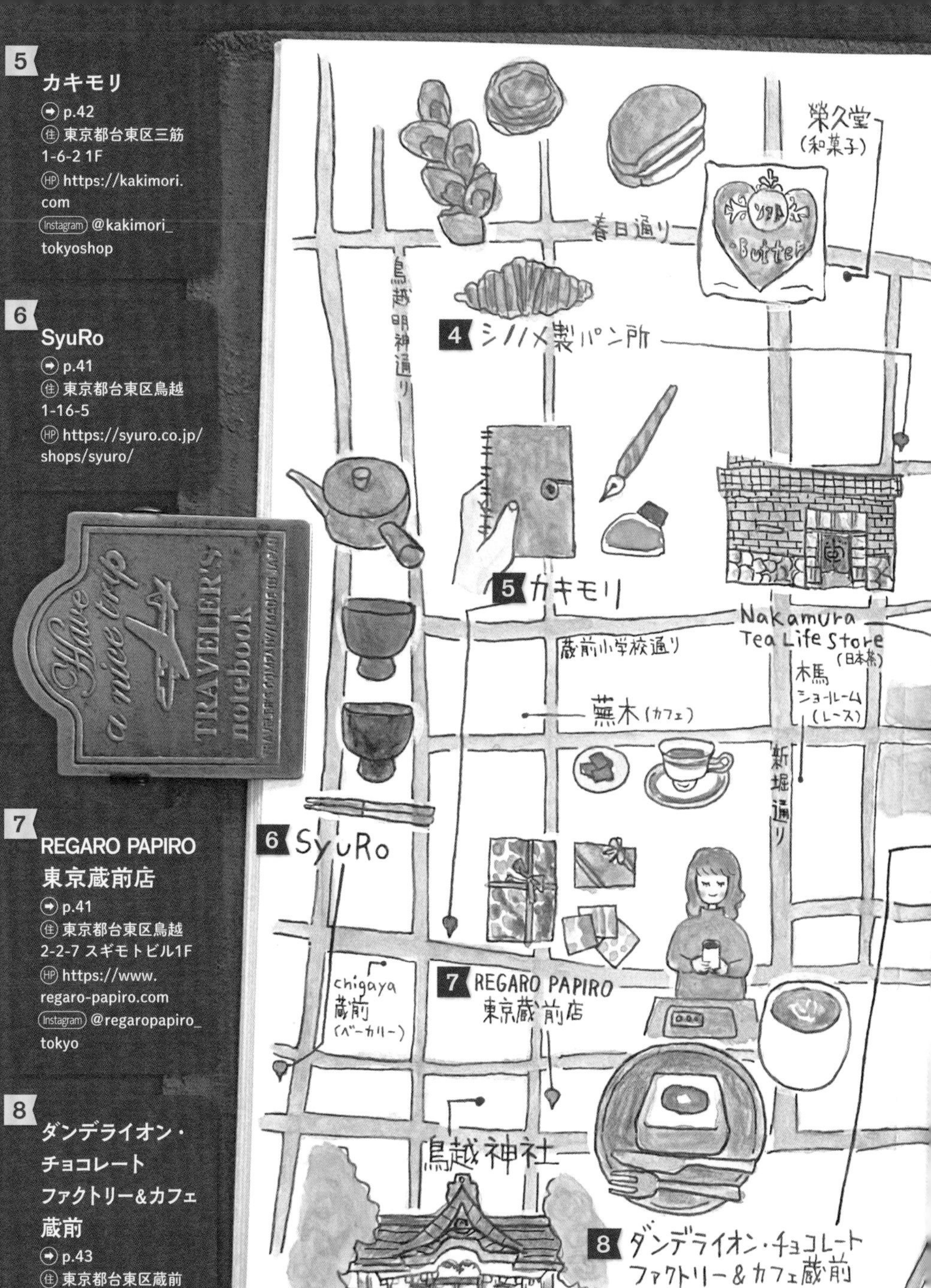

水木屋馬場商店

天然素材で作られた かごやバッグのお店
種類が豊富で手頃な価格帯のかごも多いです!

大人の収集癖を刺激する街、蔵前を散策。文房具好きの聖地、カキモリは個性的なペンやインク、ノートなどに出会えるお店です。レガーロパピロは、世界のかわいらしいラッピングペーパーやオリジナルのラッピングペーパーについ目移りしてしまいます。選りすぐりのかごやバッグが揃う水木屋馬場商店や、デザイン性の高い生活用品を扱うセレクトショップなど、蔵前を歩けば個性的な雑貨や道具が揃いそう。あれもこれも欲しくなる、こだわりのショップが集まっていました。

東京蔵前店 オリジナルも!
お相撲柄にときめきました.

REGARO PAPIRO 東京蔵前店

（レガーロ パピロ）

ラッピングペーパーの専門店
世界中の素敵なラッピングペーパーや
オリジナルデザインのペーパーなど
美しいデザインの紙に出会えます
紙小物もかわいいです

ボタニカル シロップを
試飲させてもらったら
とてもおいしかったです.

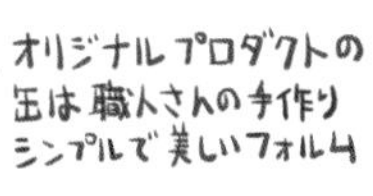

オリジナルプロダクトの
缶は職人さんの手作り
シンプルで美しいフォルム

SyuRo

日用品のセレクトショップ.
台東区の職人さん手作りの
オリジナルプロダクトも扱っています.

カキモリ

自分でカバーや中の紙を選んでオリジナルのノートとインクが作れる文具好き憧れのお店

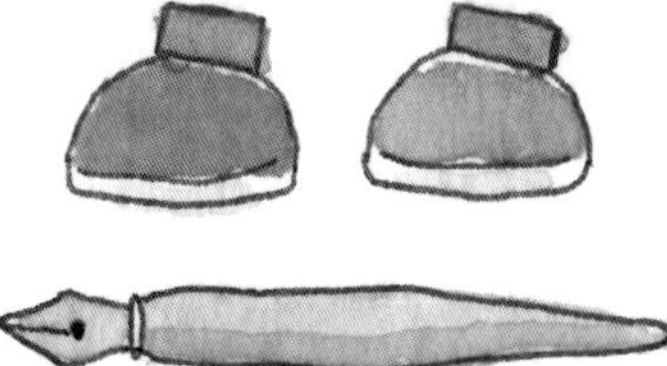

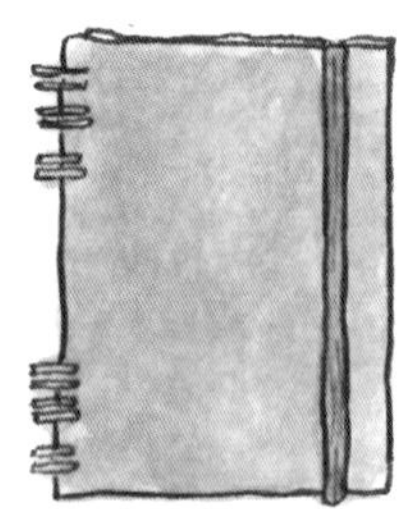

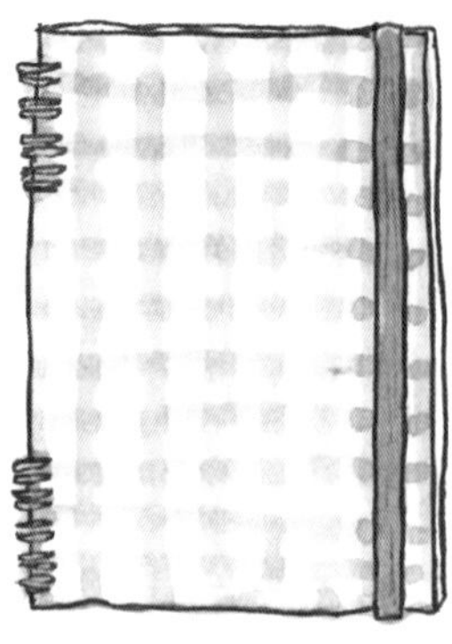

オーダーインクは自分で色を調合してオリジナルが作れます

私が作ったノートは水彩紙のスケッチブック。宝物です！ 中の紙を使い終えたらカバーは残し中だけ交換してもらえます。

YUWAERU (結わえる)本店

寝かせ玄米定食が人気のお店。もちもちの玄米と選べるおかずが体にやさしく染み渡ります。

ハレ箱膳定食

蔵前は、自家焙煎にこだわる専門店が多い〝カフェの街〟という一面も。一人でもふらっと立ち寄れる喫茶店が多く、おいしいコーヒーが飲めます。とくに喫茶半月はクラシックな世界観のインテリアが秀逸。系列のシノノメ製パン所もシックな内観がおしゃれでした。工房にカフェを併設したダンデライオン・チョコレートの日本1号店は、心ときめく開放的な空間。ノスタルジックな雰囲気の余韻を残しながら新たな文化が育つ蔵前は、誰でも訪れたくなる気軽さと、下町ならではの居心地の良さが感じられました。

ダンデライオン・チョコレート ファクトリー＆カフェ蔵前

カカオ豆から作られた オリジナルの チョコレートや スイーツ が 楽しめます.
1階 は チョコレートファクトリー. 2階 は 窓から 公園の緑 が 望める 広々とした カフェ が あります

蔵前シェフズ テイスティング 5種のスイーツ

喫茶 半月

シックで落ち着いた空間が広がる 大人のカフェ。
アンティークなインテリアが素敵です。

季節のシュー葡萄
サクッと香ばしいシュー生地に
アールグレイのクリームとジューシーな
葡萄のハーモニーがおいしい。
季節によってフルーツやクリームの
内容が変わります。

シノノメ製パン所

横長のショーケースに整然と
並んだ美しいパンに うっとり。

エッグタルトは
パイ生地

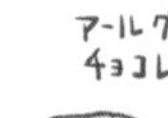

アールグレイと
チョコレート

いちじくと
ピーカンナッツ

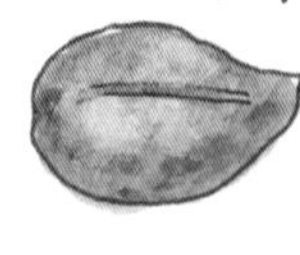

美しい クロワッサン

たい焼き&どらやきの名店めぐり

浪花家総本店（麻布十番）

1909（明治42）年創業の「およげ たいやきくん」のモデルになった老舗です。1つずつ焼かれた皮はパリッと香ばしく頭から尻尾まであんがたっぷり！

わかば（四谷）

1953（昭和28）年創業の行列が絶えない人気店。皮はしっとり薄皮で塩けがあり甘さ控えめなのであんの風味が感じられます

柳屋（人形町）

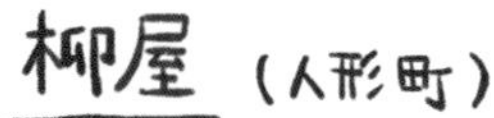

1916（大正5）年創業。人形町の甘酒横丁にある老舗です。1つずつ金型で焼くたい焼きは薄皮で香ばしく焼き上げられ尻尾まで上品な甘さのあんがぎっしり！

清寿軒（せいじゅけん）（日本橋）

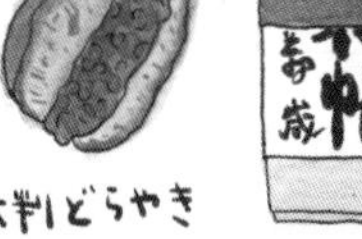

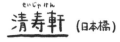

大判どらやき

1861（文久1）年創業の和菓子屋。焼き目が香ばしいふっくらした皮に小豆を丁寧に4～5時間煮たあんがたっぷり入った絶品！

亀十（かめじゅう）（浅草）

大正末期創業。雷門近くにある行列の絶えない人気和菓子店。一番人気のどらやきは皮が特徴的でふわりもっちり黒と白のあんがあります

うさぎや（上野）

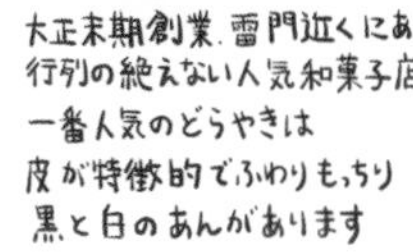

1913（大正2）年創業の和菓子店。きめ細かな皮はふっくらしっとりつぶあんはやわらかでとろける上品な甘さです

古民家や寺院が多い
谷中をぐるり食べ歩き

谷中

1
谷中せんべい
➡ p.50
住 東京都台東区谷中7-18-18

2
谷中松野屋
➡ p.51
住 東京都荒川区西日暮里3-14-14
HP http://www.yanakamatsunoya.jp/
Instagram @yanaka_matsunoya

3
ひいらぎ
➡ p.49
住 東京都台東区谷中5-4-1
HP https://hiiragi-tokyo.com/
Instagram @hiiragi_tokyo

4
TAYORI
➡ p.50
㊟ 東京都台東区谷中3-12-4
HP https://hagiso.com/tayori/
Instagram @tayori_yanaka

5
TAYORI BAKE
➡ p.50
㊟ 東京都文京区千駄木3-45-4
HP https://hagiso.com/tayori-bake/
Instagram @tayori_bake

6
すし乃池
➡ p.49
㊟ 東京都台東区谷中3-2-3
HP http://www.sushi-noike.com/

7
リバティ
➡ p.51
㊟ 東京都台東区谷中3-2-10

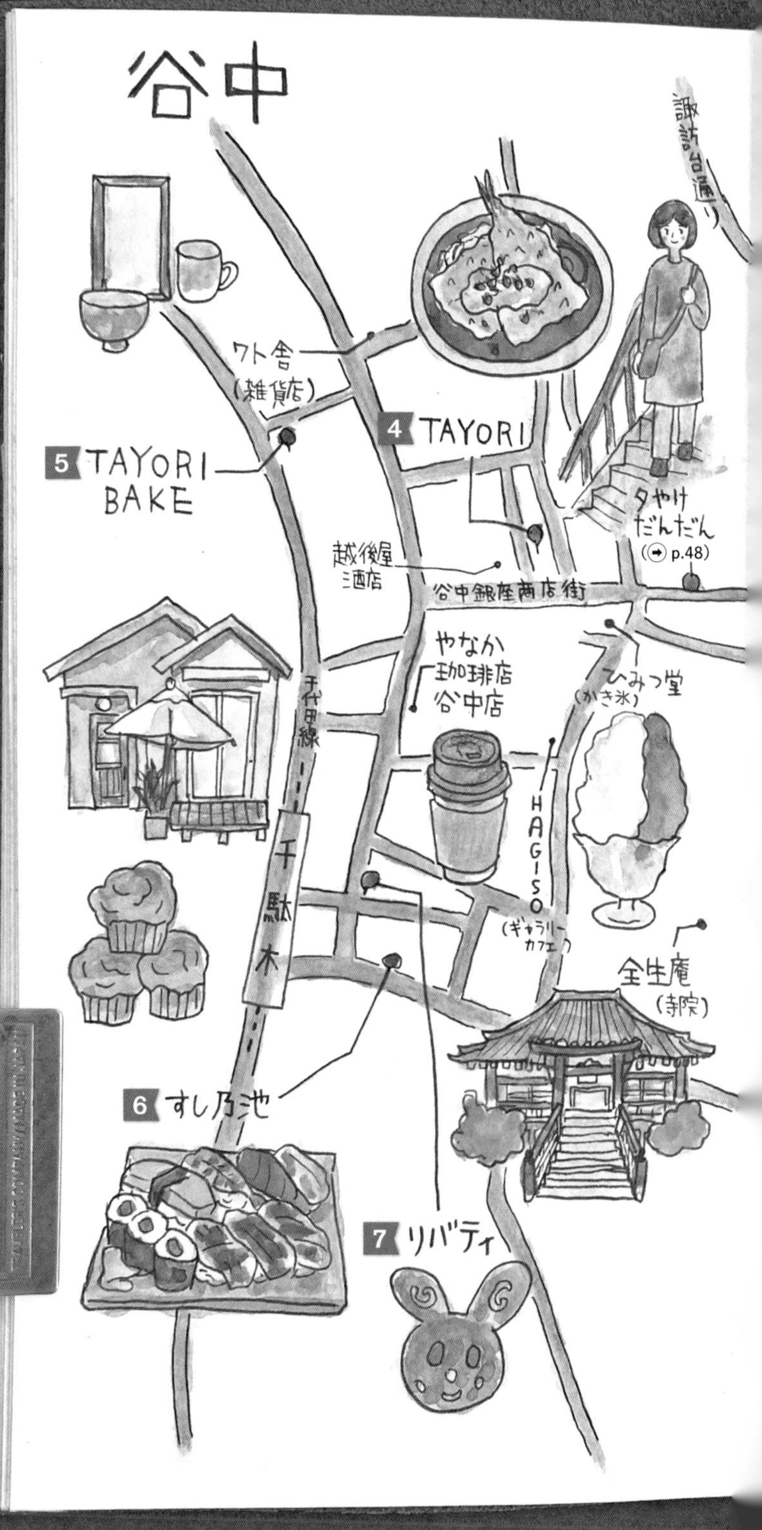

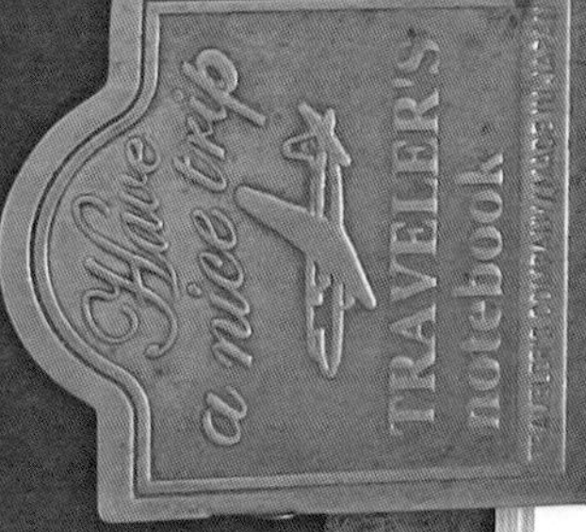

谷中
諏訪台通り
ワト舎（雑貨店）
4 TAYORI
5 TAYORI BAKE
越後屋酒店
夕やけだんだん
(➡ p.48)
谷中銀座商店街
やなか珈琲店谷中店
ひみつ堂（かき氷）
千代田線
千駄木
HAGISO（ギャラリーカフェ）
全生庵（寺院）
6 すし乃池
7 リバティ

Have a nice trip
TRAVELER'S notebook

立ち飲み出来るお店が
いくつもあり角打ちを
楽しむ人で賑わっています

谷中銀座の入口
夕やけだんだん

谷中銀座

日暮里駅と千駄木駅の間にある
下町情緒あふれる商店街です

趣のある素晴らしい寺院や建物が点在する谷中。手芸に夢中だった頃に通った日暮里繊維街も近く、私にとって馴染みの街です。SNSで知ってからずっと行きかったひいらぎや、賑わう立ち飲み屋にワクワクする谷中銀座、穴子寿司をお持ち帰りしたすし乃池、暮らしに密着した道具が揃う谷中松野屋など、念願の場所を回ることができました。TAYORIでこだわりの定食をいただいたら、日暮里駅からすぐの谷中せんべいと、ぶどうパンで有名なリバティでお土産を購入。歴史を感じる谷中はグルメ天国な寺町でした。

ひいらぎ

おまもりブレスを作ります
手首のサイズを測っていただき
仏師さんが心願成就の想いを込めて彫った
木珠一粒と珠を一粒一粒選んでいきます

シックで落ち着いた空間
オーダーのブレスや数珠のほかにも
心癒やされる小物などがあります

その場でブレスに仕立てて
いただき完成!
世界で1つのオリジナルです

すし乃池

穴子が人気のお寿司屋さん
ふっくらとした穴子に甘辛いタレが
絶妙に調和し とろける絶品です
お持ち帰りをお願いしました

TAYORI

落ち着いた古民家風カフェ。生産者からの食の便りを食べる人に橋渡しするという想いのつまったメニューは、どれも体にやさしく素材そのもののおいしさを感じます

生産者からの手紙を読んだり
生産者に手紙を送れるポストも

アジフライ定食

TAYORI BAKE

TAYORIから少し歩いた所にある
かわいい焼き菓子屋さん

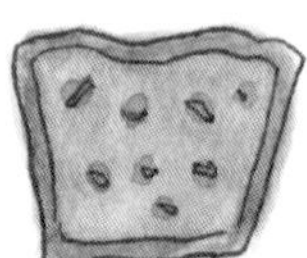
パウンドケーキもスパイスや
フルーツ使いがセンス良い

マフィンは季節感の
ある品揃え

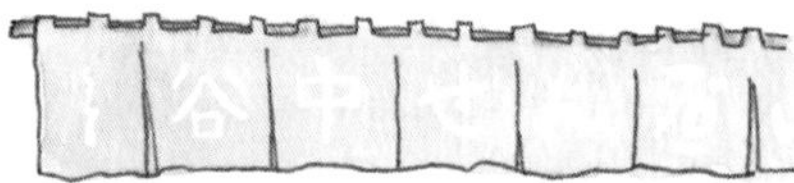

海苔

ザラメ

谷中せんべい

1913（大正2）年創業のせんべい屋さん
伝統的な方法で1枚ずつ焼いた
せんべいは「ザラメ」や「堅丸」「海苔」など
種類が豊富なのでお土産にも！

谷中松野屋

夕やけだんだん手前にある日用品のお店
荒物雑貨のほうきやかご、トタン製品など
使い勝手の良い品が揃っています

帆布のかばんは
オリジナル

リバティ

親しみの湧く街のパン屋さん
ぎっしりとレーズンの入ったぶどうパン
やうさぎパンが人気
お願いするとレトロな紙袋に
入れてくれます

うさぎパン
カスタードクリーム入り
ガチャガチャにもなった
人気物

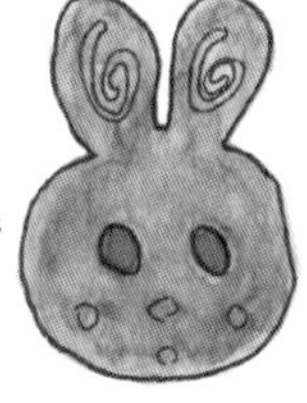

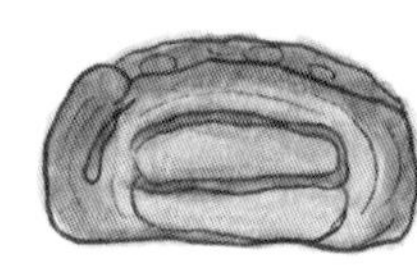

カステラロール

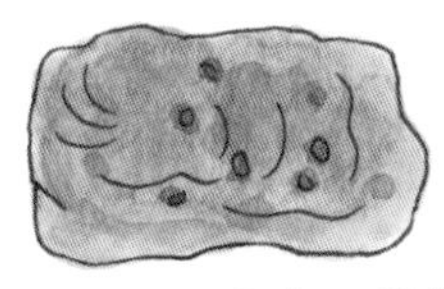

一番人気のぶどうパン

歩くたびに発見がある 隠れた名店や穴場が多い 二子玉川

1

Café Lisette 二子玉川

➡ p.56

住 東京都世田谷区玉川3-9-7

Instagram @cafelisette_futakotamagawa

2

西河製菓店

➡ p.54

住 東京都世田谷区玉川3-23-29

Instagram @nishikawa_futako

3

中華厨房 久華

➡ p.55

住 東京都世田谷区玉川3-24-17

4
BOX&NEEDLE
二子玉川店

➡ p.57

㊟ 東京都世田谷区玉川3-12-11

HP https://boxandneedle.com/

Instagram @box_and_needle

5
KOHORO
二子玉川

➡ p.56

㊟ 東京都世田谷区玉川3-12-11 1F

HP https://kohoro.jp/

Instagram @irohani_kohoro

西河製菓店

地元の人に愛される
街の和菓子屋さん
助六寿司やおにぎりを求めて
朝から行列ができていました
みたらし団子が絶品です！

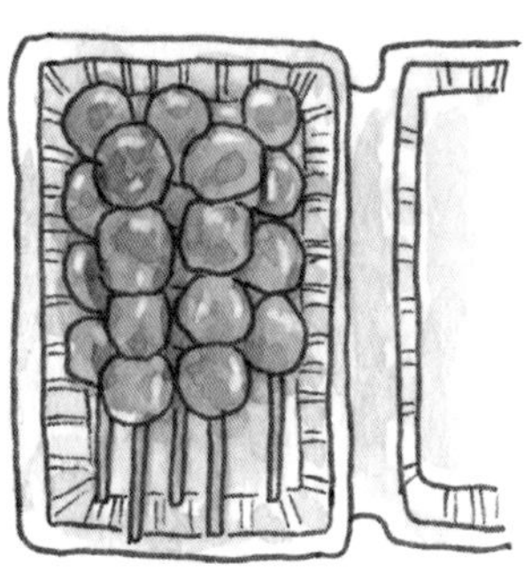

自宅からのアクセスが良いのでよく足を運ぶ二子玉川は、多摩川のほとりに位置する穴場の多いエリア。駅から離れるほど賑わいが落ち着き、隠れた名店に出会える場所です。地元の人が行列を作る西河製菓店や、心穏やかな時間が流れるカフェ、思わず最後尾に並んで中華料理を堪能した久華、作家さんの器や雑貨を取り扱うKOHORO、かわいいラッピンググッズが揃う貼箱専門店など、歩くたびに発見があります。BOX&NEEDLEでは、箱作りのワークショップにも参加しました。

多摩川

駅や大型ショッピングセンターのすぐ近くを
流れる多摩川．川沿いには公園や芝生の
広場などがあり憩いの場になっています

中華厨房 久華（きゅうか）

街の中華屋さん
ご飯物も
麺類も
はずれなく
どれもおいしい！

黒酢のパイコー 定食

KOHORO二子玉川

作家物の器や使い勝手の良い
手仕事の工芸品などを取り扱っているお店
1つあるだけで生活が彩られるような
存在感のある作品が並ぶ

青森のかご
みかん入れに
ピッタリ！

うるしの器
普段使いしたい
カジュアルなものも

いつかは欲しい
南部鉄瓶

プリン・ア・ラ・モード
季節のフルーツと固めのプリンは
甘さ控えめで幸せなおいしさ！

Café Lisette二子玉川

（カフェ・リゼッタ）

落ち着いた佇まいのカフェ、アンティークの机や椅子に
フランスのカフェのような食器、心地良く過ごせるお店

教えてくださるのは
BOX&NEEDLE代表の
大西先生
京都の老舗紙器メーカー
による世界初の箱店
職人によって手貼りされた
箱は美しく実用的
色とりどりの紙が並べられていて
その中から好きな柄や色のパーツを
選びます。どれもかわいいので悩みます
温めたにかわ糊で
土台に紙を貼って
いきます
完成
箱の組み立て方も随所に
コツがあり手順を守りながら
慎重に作っていきます
世界に1つだけの
オリジナルBOXが
出来ました
かわいい！嬉しい！

BOX&NEEDLE 二子玉川店

箱作りのワークショップに参加しました
色々なデザインのBOXがあり、HPの予約フォームから
作ってみたいBOXのクラスを予約します

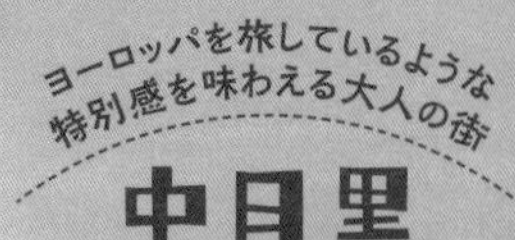
ヨーロッパを旅しているような
特別感を味わえる大人の街
中目黒

1 COWBOOKS
中目黒

旧朝倉家住宅

Swell Coffee
Roasters

フラワー
アンド（ベーカリー）
ウォーター

日比谷線

中目黒蔦屋書店

THE CITY
BAKERY
中目黒駅
（➡ p.17）

I'm donut?

中目黒

東急東横線

オニバス
コーヒー
中目黒（➡ p.145）

2 Onigily Cafe
中目黒店

TRAVELER'S COMPANY — JAPAN —
TRAVELER'S notebook
MADE IN JAPAN

1 COWBOOKS 中目黒

➡ p.63
㊟ 東京都目黒区青葉台1-14-11 コーポ青葉台103
HP https://cowbooks.stores.jp
Instagram @cowbooks_tokyo

2 Onigily Cafe 中目黒店

➡ p.61
㊟ 東京都目黒区中目黒3-1-4
HP https://onigily.com/
Instagram @onigily_cafe

中目黒

STARBUCKS RESERVE® ROASTERY TOKYO

わらび餅

東匠みやび庵（雅庵）（和菓子屋）

目黒川
（➡ p.60）

福砂屋 中目黒店（カステラ）

4 ateliers PENELOPE

3 トラベラーズファクトリー

TRAVELER'S FACTORY

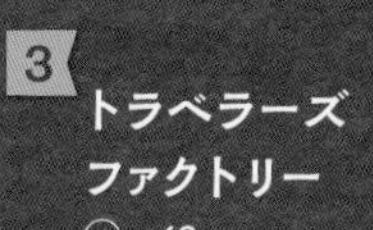

3 トラベラーズファクトリー
➡ p.62
住 東京都目黒区上目黒3-13-10
HP https://www.travelers-factory.com/
Instagram @travelers_factory

4 ateliers PENELOPE
➡ p.61
住 東京都目黒区東山2-10-8 2F
HP https://www.atelierspenelope.com/
Instagram @atelierspenelope

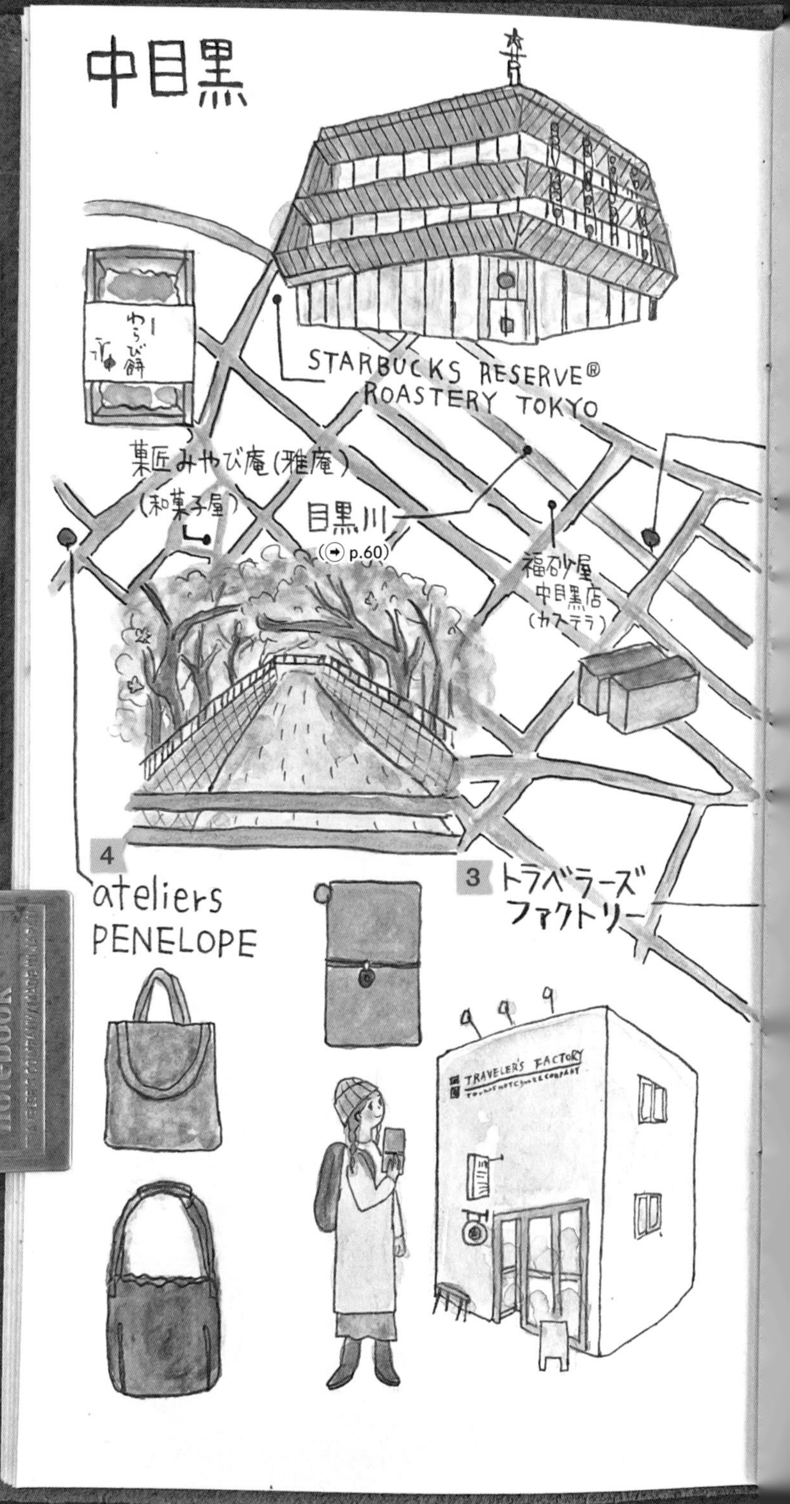

目黒川

川沿いの桜並木が有名
おしゃれなお店が建ち並んでいて
素敵な散歩コースです

ランドマーク的な存在感を放つスターバックスのリザーブロースタリーから、洗練された建物が軒を連ねるハイセンスな景観が印象的な中目黒。桜の名所である目黒川沿いに集まる個性的なショップに立ち寄りながら、ぶらりとさんぽするのもおすすめです。本書でも登場するトラベラーズノートが多彩に揃う文具店や、15年ほど使い続けている帆布バッグの専門店など、個人的に大ファンのお店もあちこちに。朝8時からオープンしているおにぎりの専門店は、朝食をとりにきたお一人様の姿もありました。

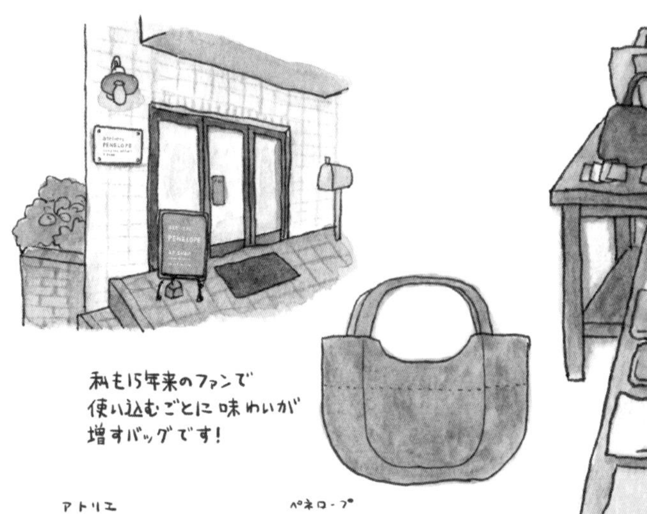

私も15年来のファンで
使い込むごとに味わいが
増すバッグです！

ateliers（アトリエ） PENELOPE（ペネロープ）

オリジナル帆布バッグや小物はシンプルで
機能的なのでファンが多い！
ビルの1Fがアトリエで2Fがショップです

朝の時間は
お一人様が
多いようでした

Onigily Cafe 中目黒店

陽が差し込む明るいカフェは
おにぎりの専門店
長野県佐久産コシヒカリを
使用したおにぎりは
ツヤツヤで甘みがあります
種類がたくさんあるので
悩みます
テイクアウトもあります

おにぎり朝食セット ＋ 味噌汁

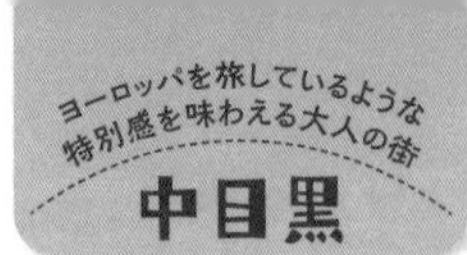

トラベラーズファクトリー

2階はカフェスペースでコーヒーを飲みながら
ノートを開いたり出来ます

トラベラーズノート愛用者の聖地 中目黒ショップ!
トラベラーズノートやリフィルはもちろん センスの良い
オリジナルグッズや旅をしたくなるようなセレクト
商品が並んでいます

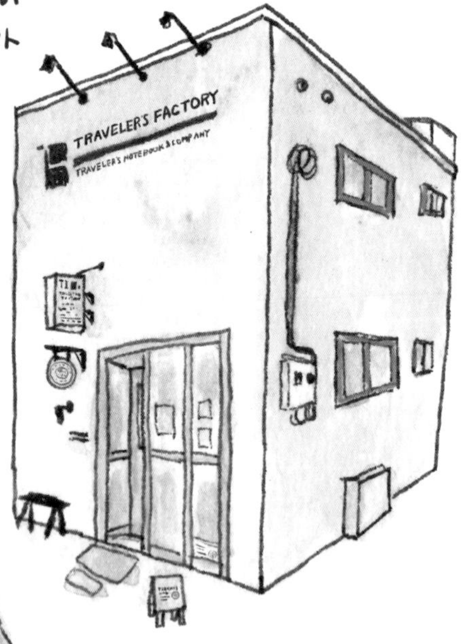

COW BOOKS 中目黒

書籍だけでなくトレーナーや帆布トートなどのオリジナルアイテムも! 文具もたまに作るそうです

カウブックスの店名は
牛のようにゆっくりのんびりと
いう意味が込められています
店内でコーヒーも飲めるので
出会いの1冊を求めてゆっくり
本探しが出来ます

「Everything for the FREEDOM.」と自由がテーマの古書店。置いてある本はエッセイや随筆、大人が楽しめる絵本など隙間時間にパラパラと好きなページから読める本が多いのだとか。1冊1冊丁寧に並べられています

中目黒といえば、私が9年ほど愛用するトラベラーズノートなどの雑貨を多彩に取り扱う、トラベラーズファクトリーの旗艦店があります。2階に上ると旅行者の世界観に浸れるカフェスペースが併設されていました。『暮しの手帖』元編集長の松浦弥太郎さんが手がけるカウブックスは、古書店というよりもヴィンテージブックショップといった美しい佇まい。品質が保たれた高価な本を手に取るだけでドキドキしました。まるでヨーロッパの街を旅しているような、特別感のある大人のさんぽスポットです。

1 **元祖食品サンプル屋合羽橋店**
➡ p.70
㊟ 東京都台東区西浅草3-7-6
HP https://www.ganso-sample.com
Instagram @ganso_sample

2 **つば屋庖丁店**
➡ p.67
㊟ 東京都台東区西浅草3-7-2
HP https://tsubaya.jp
Instagram @tsubaya.jp

3 **ユニオンコーヒーショップ**
➡ p.68
㊟ 東京都台東区西浅草2-22-6
HP https://www.kappabashi.or.jp/shops/169/

4 **浅草ひら山**
➡ p.70
㊟ 東京都台東区西浅草1-3-14
Instagram @asakusahirayama

5 **釜浅商店**
➡ p.67
㊟ 東京都台東区松が谷2-24-1
HP https://www.kama-asa.co.jp
Instagram @kamaasa_tokyo

6

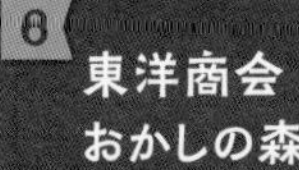

東洋商会
おかしの森

➡ p.68

住 東京都台東区松が谷1-11-10

HP https://www.okashinomori.com

7

かなや刷子
かっぱ橋道具街店

➡ p.66

住 東京都台東区西浅草1-5-9

HP https://www.kanaya-brush.com

8

ニイミ洋食器店

➡ p.69

住 東京都台東区松が谷1-1-1

HP https://www.kappabashi.or.jp/shops/143/

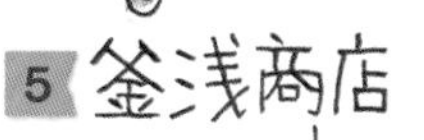

かなや刷子
かっぱ橋道具街店

1914(大正3)年創業の歴史ある
刷子専門店
オリジナル商品も多い

タワシだけでも
たくさんの種類!

浅草(大正三年創業)
かなや刷子
刷毛と刷子の専門店

絵筆や
書道筆も

馬毛歯ブラシは
一番人気!

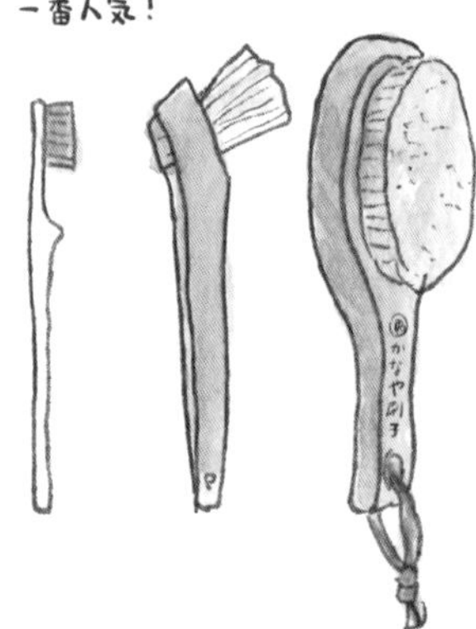

九州出身の私が「いつか東京に行ったら訪れたい」と思っていた場所の1つが合羽橋。料理やお菓子をおいしく作れる台所用品の店やどんなブラシも手に入る刷子店などが軒を連ねる、昔から大好きな〝道具の街〟です。一歩お店に入ると「どんな目的で使いますか?」と用途を聞いてくれたり、丁寧に商品の説明をしてくれたりするので、安心して自分にピッタリな一品を選ぶことができます。かつて義理の母が新婚の時にプレゼントしてくれた老舗の庖丁専門店、つば屋も見つけました。

釜浅商店

1908(明治41)年創業の料理道具店
職人の手仕事で作られた
道具は長く愛用できるもの
ばかりでファンも多い

名入れサービスも!

これでハンバーグ焼いたら最高です

釜浅の鉄打出しフライパン

庖丁売り場は外国の男性率高い!
商品を熟知しているスタッフには
外国籍の方もいて手厚くサポートしている
姿が印象的でした

つば屋庖丁店

1956(昭和31)年創業の庖丁専門店
職人気質なお店でプロの料理人から
外国人観光客まで丁寧に対応して
くれます。私も長年愛用しています!

庖丁の看板が
目印!

ユニオンコーヒーショップ

コーヒー道具の専門店
サイフォンやコーヒーミルなど
プロユースな商品も多く見るだけでも
楽しい、隣のビルにはコーヒー豆の
お店があります

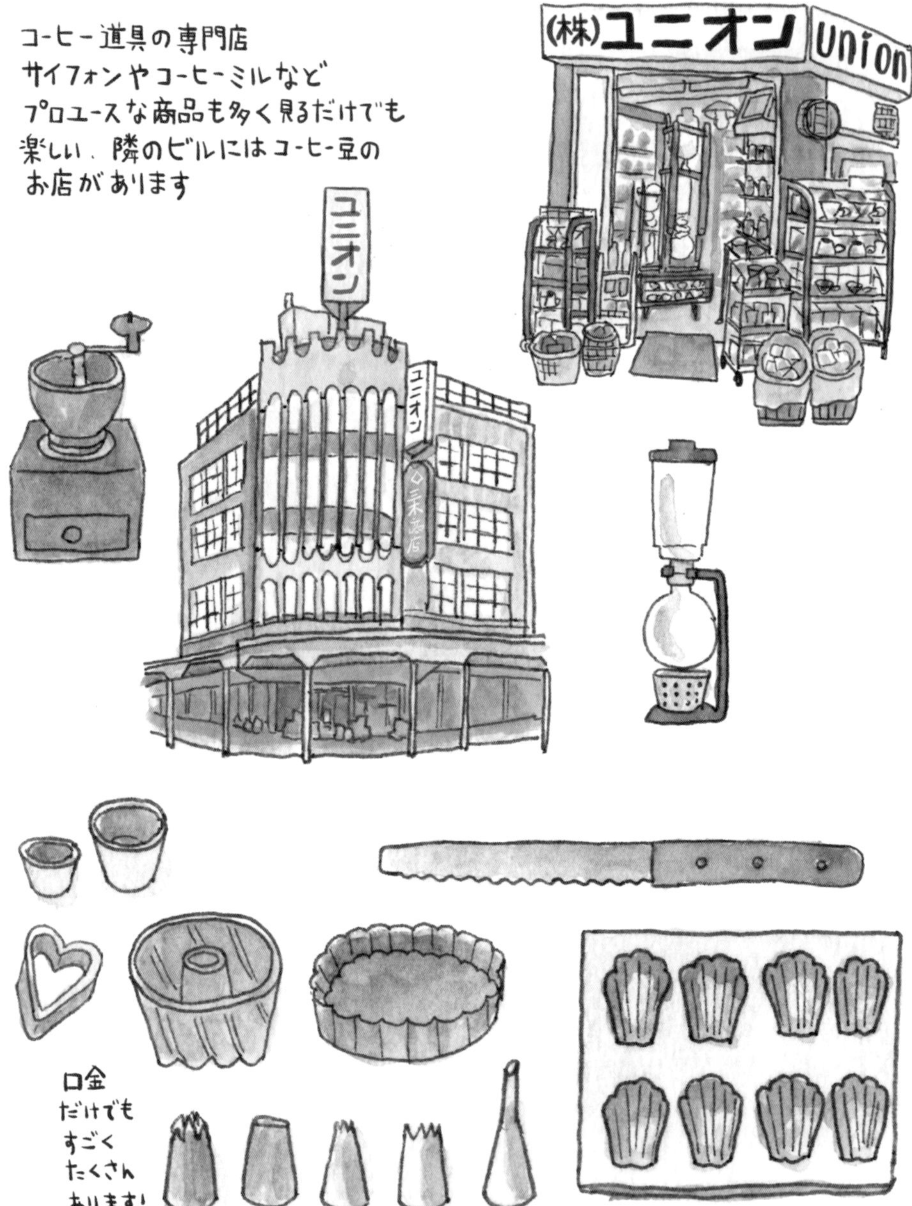

東洋商会おかしの森

焼き菓子やケーキの型などお菓子作りの
道具専門店、とにかく種類が豊富です

おかしの森は、1万点以上の製菓道具が揃う専門店。お菓子作りに使う型なら、どんな種類でも見つかります。屋上の「ジャンボコック像」が目印のニイミ洋食器店は、プロユースから家庭用まで、お皿や調理器具が多彩に揃うお店。手挽きのミルなどの喫茶用品を扱うユニオンコーヒーショップは、こだわりのコーヒー豆も購入できる、コーヒー好きが集う専門店です。道具街から田原町駅方面に歩いたところで見つけた、手打ち蕎麦の名店ひら山でランチを堪能。買い物欲もお腹も十分に満たされました。

日本の食器ニイミのビルは
コーヒーカップがかわいい

ニイミ洋食器店

合羽橋の入口にあるビル
ジャンボコックさんが目印

食器や調理器具など
品揃えが豊富です

両国の名店で修業された
店主が営む手打ち蕎麦のお店

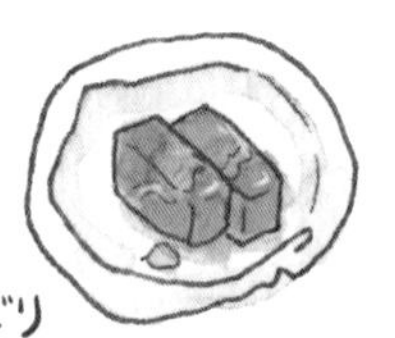

穴子の煮こごり
口の中でとろける絶品

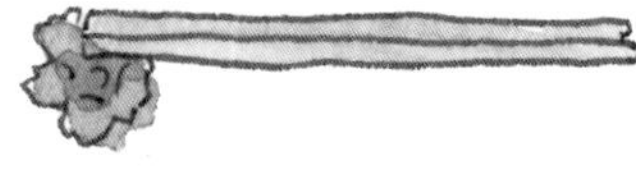

浅草ひら山

産地にこだわった自家製粉の
十割蕎麦は香り高くコシが
あって喉ごし良くおいしいです

「さんぷるん
イチゴパフェ」

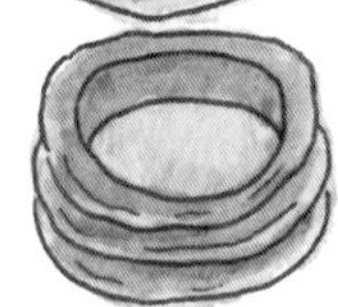

パンケーキ小物入れ
イチゴ

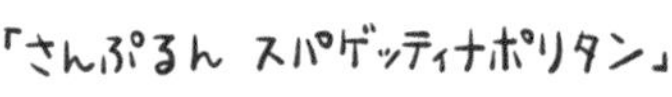

「さんぷるん スパゲッティナポリタン」

元祖食品サンプル屋
合羽橋店

ブックマーク
ベーコン

日本が誇る文化食品サンプルのお店
自宅で作れるキットなどもあり
お店でのサンプル製作体験が大人気（予約制）

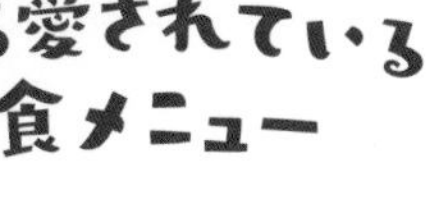

昔から愛されている洋食メニュー

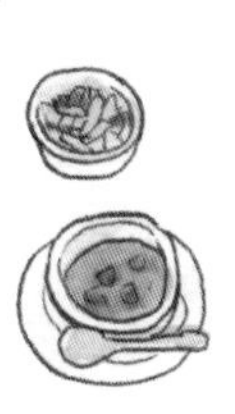

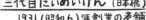

三代目たいめいけん（日本橋）

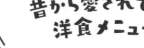

1931（昭和6）年創業の老舗洋食店です
名物「たんぽぽオムライス」は真中にナイフで切り込みを入れると半熟の中身がふわっと広がります。バターのコクとチキンライス、卵のハーモニーが最高です

銀座 煉瓦亭（銀座）

1895（明治28）年創業の洋食屋さん
「明治誕生 オムライス」は
ひき肉・玉ねぎ・マッシュルームなどが入った
懐かしさを感じる味です

珈琲 王城（上野）

上野の純喫茶の王道ナポリタン
モチモチの麺にケチャップのまろやかな
味わいが懐かしくクセになります

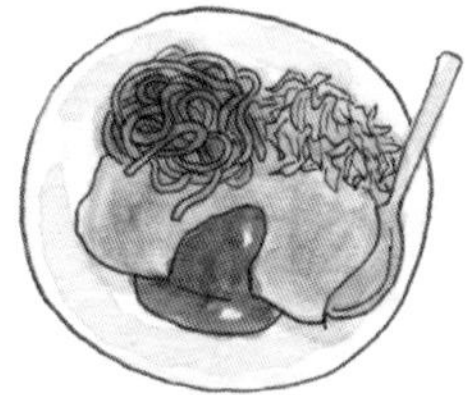

むさしや（新橋）

ニュー新橋ビルにあるカウンター席のみの
人気店、オムライスはナポリタン入り！
バターがきいた薄焼き卵にチキンライスが
包まれ ホッとする味です

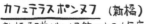

カフェテラスポンヌフ（新橋）

新橋駅前ビル1号館にある人気店
太麺のナポリタンにハンバーグがのって
サラダとロールパンが付いた
「ポンヌフバーグ」が大好きです

ラドリオ（神保町）

趣ある佇まいの喫茶店
ナポリタンはピリ辛で麺は
固めの大人味
ウィンナーコーヒー発祥のお店です

1 Artichoke chocolate
➡ p.76
㊟ 東京都江東区三好4-9-6 1F
HP https://www.artichoke.tokyo/
Instagram @artichoke_chocolate

2 紅茶専門店 TEAPOND 清澄白河店
➡ p.75
㊟ 東京都江東区白河1-1-11
HP https://teapond.jp/
Instagram @teapond.jp

3 ダイナーヴァン
➡ p.76
㊟ 東京都江東区三好3-10-3

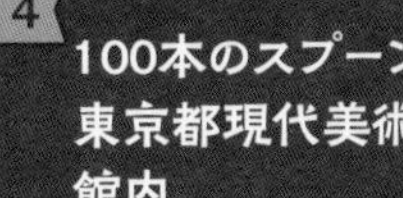

4
100本のスプーン 東京都現代美術館内

➡ p.77
㊟ 東京都江東区三好4－1－1 東京都現代美術館内 B1F
HP https://100spoons.com/

5
iki Roastery & Eatery

➡ p.74
㊟ 東京都江東区常盤1-4-7
HP https://www.iki-espresso.com
Instagram @iki_espresso

6
コトリパン

➡ p.77
㊟ 東京都江東区福住2-7-21

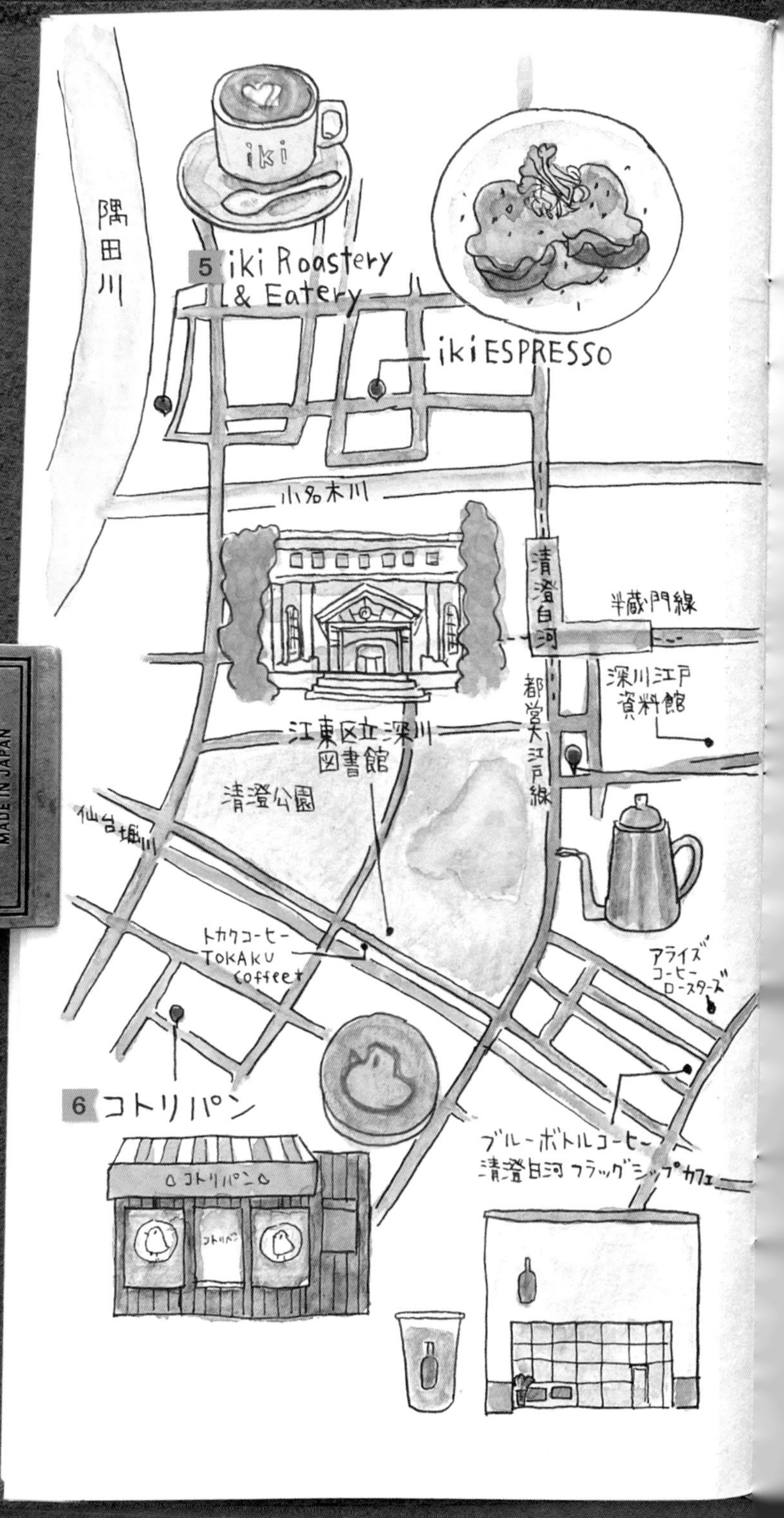

iki
隅田川
5 iki Roastery & Eatery
iki ESPRESSO
小名木川
清澄白河
半蔵門線
深川江戸資料館
都営大江戸線
江東区立深川図書館
清澄公園
仙台堀川
トカクコーヒー TOKAKU coffee
アライズコーヒーロースターズ
6 コトリパン
コトリパン
ブルーボトルコーヒー清澄白河フラッグシップカフェ

iki Roastery & Eatery

隅田川沿いの倉庫をリノベーションしたカフェ。
隅田川まで回り込んだら入口です。

オーガニック
レッドグレープ
フルーツは
暑い日にぴったり

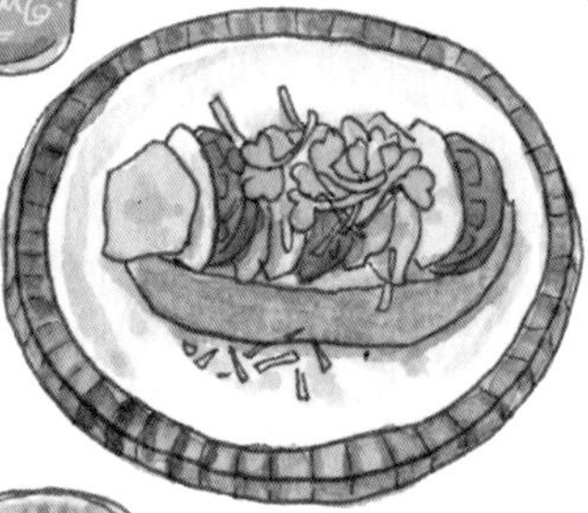

生ハムトマト
チーズトースト

ロースタリーも併設
されていて、コーヒーは
本格的！
フラットホワイトは
ぜひ飲んで
いただきたい！

ベーカリーも充実していました

広々とした空間で
思い思いに過ごせます

クラシックな佇まいの
お店にワクワク♥
缶やパッケージも
すごく素敵なので
お土産にも
TEAPOND
TEAPOND
TEAPOND

紅茶専門店 TEAPOND 清澄白河店

紅茶専門店、古き良きブリティッシュテイスト香る店内、紅茶はピュアティーとフレーバーティーに分かれていて小瓶で香りを確認できます。

清澄白河駅から、歩く人波に身をまかせながら東京都現代美術館へ。美術館併設の100本のスプーンは子連れウェルカムで、大人メニューをキッズサイズでも楽しめます。隅田川沿いの倉庫をリノベしたiki Roastery&Eateryは、ニュージーランドスタイルの開放的な雰囲気。紅茶専門店やアーティチョークチョコレートなど、おしゃれな外観のお店が集まるエリアでありながら、お年寄りの姿が多いのも深川ならでは。本場ベトナム料理店でお腹を満たし、コトリパンのパンをお土産にしました。

Artichoke chocolate

自社でカカオ豆から作る
チョコレートのお店
緑の美しい箱に、シンボルの
アーティチョークの型押しがかわいい。

1つ1つ味わい深く
とても丁寧に作られて
いるチョコレート。

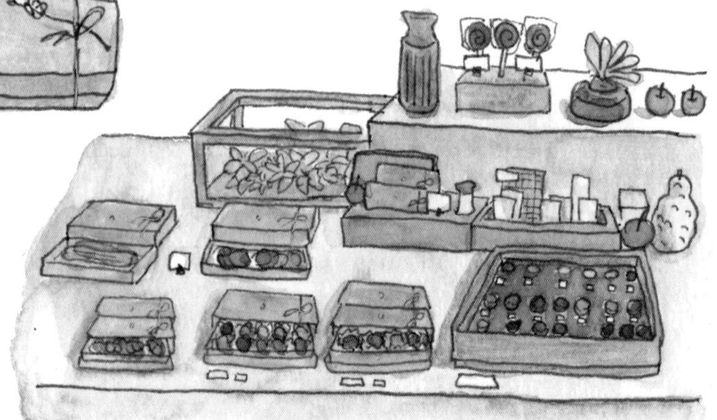

シックな宝石店のような
ディスプレイにうっとり

ダイナーヴァン

ベトナム料理店
ランチタイムはフォーやバインミーなど
1人でも入りやすいお店。
テラス席もあります。

フォーガー(鶏肉)

出汁のきいたフォーは
やさしいお味

パクチーと
もやしはお好みで

100本のスプーン

東京都現代美術館内

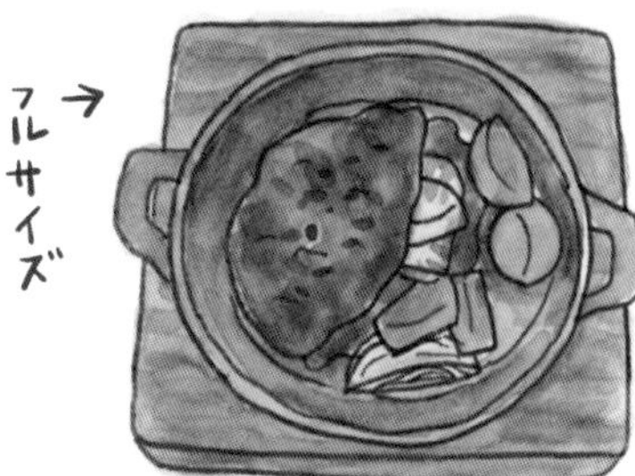

フルサイズ→

ハーフサイズ→

ハンバーグステーキ
特製デミグラスソース

アイスクリーム

キャラメル チョコ
バナナパフェ（ハーフ）

美術館内にあるレストラン、家族連れにやさしく
大人のメニューをそのまま小さくしたハーフサイズなど
キッズメニューが充実しています。

コトリパン

お惣菜系・スイーツ系
ハード系、たくさんの
種類が揃う家庭的な
パン屋さん。

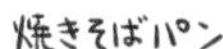

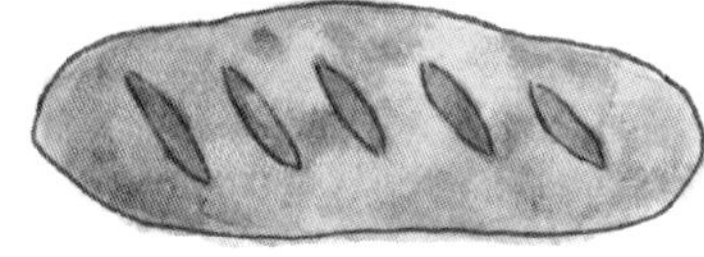

オレンジピールと
シナモンのカンパーニュ

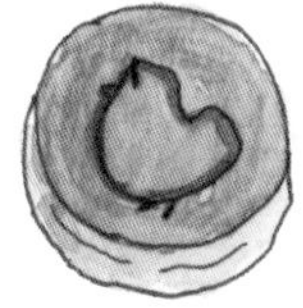

コトリパンは
チョコとカスタード
クリームたっぷり

レトロな下町に名店がひしめく"美食の街"

人形町

1 Tiny Toria Tearoom

2 谷や

3 ブーランジェリー・ジャンゴ

重盛の人形焼

4 ヒナタノオト

水天宮

水天宮前

半蔵門線

TRAVELER'S COMPANY — JAPAN — TRAVELER'S notebook MADE IN JAPAN

1 Tiny Toria Tearoom

➡ p.83

住 東京都中央区日本橋人形町2-20-5 柿沼ビル 1F

HP https://www.tinytoria.com/

Instagram @tiny_toria

2 谷や

➡ p.82

住 東京都中央区日本橋人形町2-15-17 1F

HP https://gf42900.gorp.jp/

3 ブーランジェリー・ジャンゴ

➡ p.81

住 東京都中央区日本橋浜町3-19-4

HP http://la-boulangerie-django.blogspot.com

4
ヒナタノオト
➡ p.81
住 東京都中央区日本橋浜町3-16-7 スプラウトビル1F
HP https://musubuniwa.jp/
Instagram @hinata_note

5
天ぷら 中山
➡ p.82
住 東京都中央区日本橋人形町1-10-8

6
小網神社
➡ p.80
住 東京都中央区日本橋小網町16-23
HP https://www.koamijinja.or.jp/

小網神社

東京の大空襲を免れ、強運の神様として祀られています。ビルの谷間にあり数人でいっぱいになる境内に多くの参拝者が訪れています。

境内にある弁天様で小銭を洗い清めて財布などに入れておくと財運を授かるのだそう

強運厄除
みみずくお守り

かつて妊娠中に安産祈願で足を運んだ、懐かしの水天宮からさんぽスタート。人形町駅から徒歩圏内のエリアは、参拝に訪れた妊婦さんや人形焼きを目当てにやってきたお年寄り、強運厄除けの神様が祀られた小網神社を詣でる若者やビジネスマンまで、幅広い年代の人が集う印象です。日本橋浜町まで足を延ばすと、美しい作品に出会えるギャラリーショップ・ヒナタノオトがあります。お向かいの人気ベーカリー、ブーランジェリー・ジャンゴは、幾何学模様で囲まれたショーケースにも惹かれました。

ヒナタノオト

作家の作品と工芸品を扱うギャラリーショップ。
暮らしを豊かに彩る美しい作品に出会えます
私も10年来のファンです！

店員さんの
おすすめは
種類豊富な
デニッシュ系

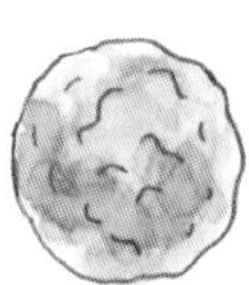

メロンパン

ビーツの
ベーコンエピ

フランス
あんパン

季節の野菜が
美しく並べられた フォカッチャ

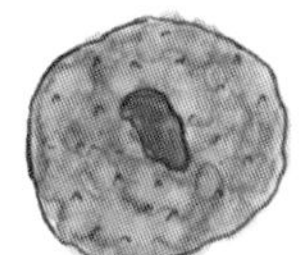

ダルとキーマカレー

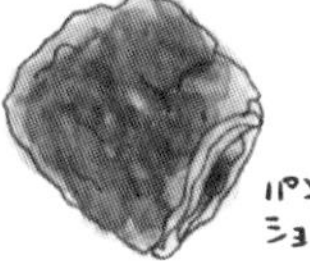

パンオ
ショコラ

ブーランジェリー・ジャンゴ

幾何学模様のスタイリッシュな タイルと
お店をおおうグリーンの調和が素敵な
ブーランジェリー　パンはショーケースを見て
注文するスタイル。

谷や

讃岐うどんの名店で修業された店主が
打つうどんに魅せられた人で連日賑わっているお店。
コシがありツルンと喉ごしの良いうどんは
打ちたて、切りたて、湯がきたて。

かしわ天 つけうどん
鶏と野菜の天ぷらはサクサク
出汁のきいたつゆにつけていただきます。

天ぷら 中山

TVドラマに登場した黒天丼が
有名です。揚げた天ぷらを秘伝の黒いタレに
くぐらせてご飯の上に盛り付けます。
コクのある醤油ベースの甘辛い味付けで
箸がとまりません!

ビクトリア
スポンジケーキ
しっとりした生地に
クリームとジャムをサンドした
イギリスのケーキ

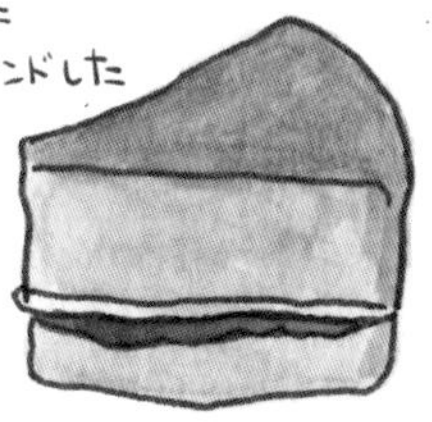

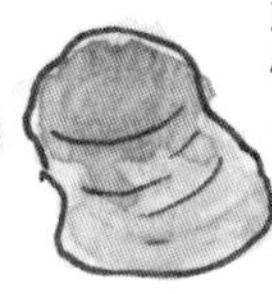

スコーンはサクッとした
食感で中はふんわり
やさしい甘さ

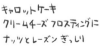

キャロットケーキ
クリームチーズ フロスティングに
ナッツとレーズン ぎっしり

Tiny Toria Tearoom
（タイニー トリア ティールーム）

ブリティッシュスタイルのティールーム
人気のアフタヌーンティーは予約制
テイクアウトで焼き菓子が購入できます

古き良き落ち着いた下町風景の中に、グルメな名店が溶け込んでいる人形町周辺。TVドラマでも紹介された天ぷら中山は、タレにくぐらせた黒天丼が格別です。オープン前から行列ができるうどん店の谷やは、店先でイケメン店主が讃岐うどんを打つ姿がありました。アフタヌーンティーの予約が人気のブリティッシュスタイルのティールームは、選りすぐりの紅茶やリーフティー、スコーンなどが絶品です。レトロな趣ただよう人形町は、老舗から新業態までひしめく〝美食の街〟でした。

公園のおだやかな空気をまといながら銀座方面へ

日比谷

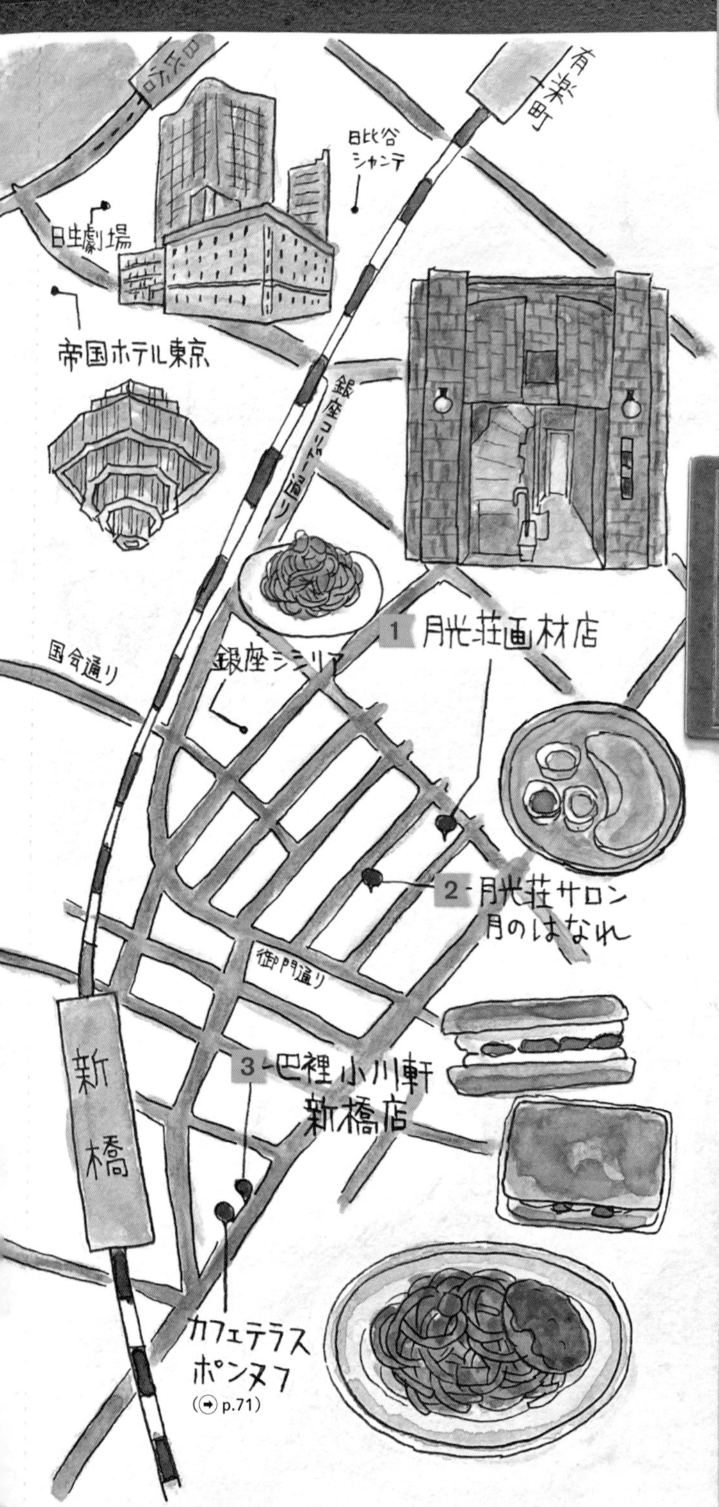

1 月光荘画材店

➡ p.89
㊟ 東京都中央区銀座8-7-2　永寿ビル1F・B1F
HP https://gekkoso.jp/

2 月光荘サロン 月のはなれ

➡ p.89
㊟ 東京都中央区銀座8-7-18 月光荘ビル5F
HP https://tsuki-hanare.com

3 巴裡 小川軒 新橋店

➡ p.88
㊟ 東京都港区新橋2-20-15　新橋駅前ビル1号館1F（第一京浜側）
HP https://ogawaken.co.jp/
Instagram @paris_ogawaken

4
日比谷松本楼
➡ p.86
㊟ 東京都千代田区
日比谷公園1-2
HP https://www.matsumotoro.co.jp/

5
市政会館
➡ p.86
㊟ 東京都千代田区
日比谷公園1-3

6
烏森神社
➡ p.88
㊟ 東京都港区新橋
2-15-5
HP http://karasumorijinja.or.jp/

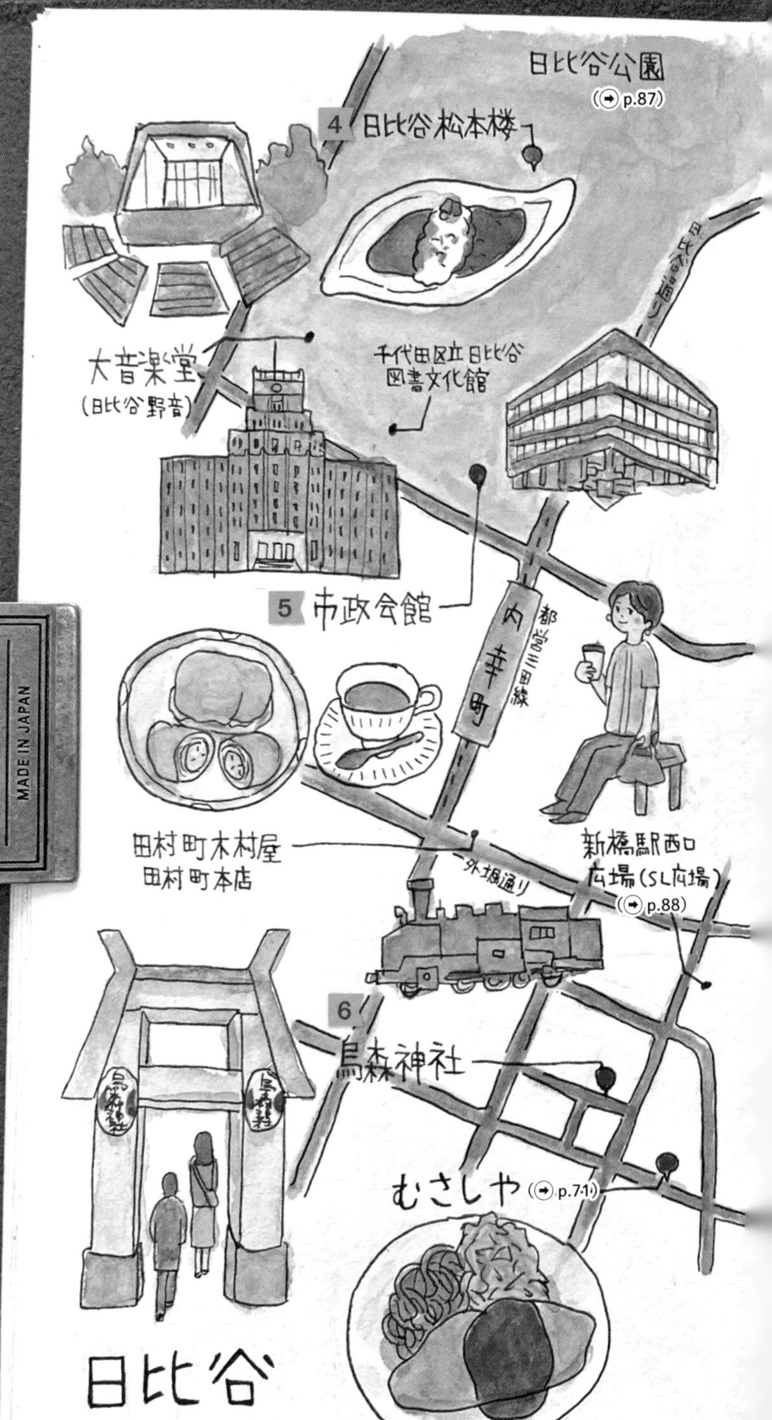

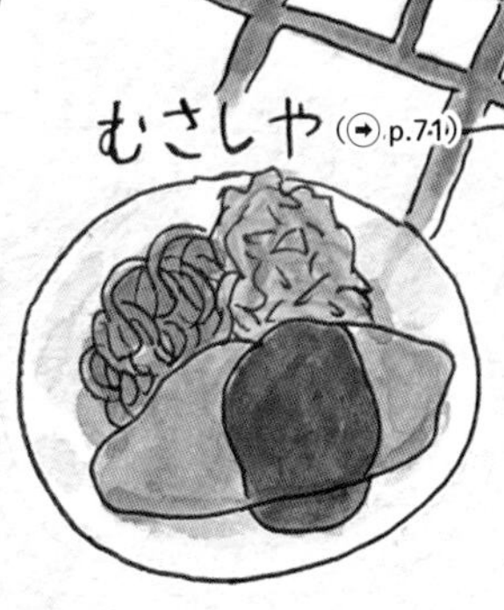

日比谷 松本楼

日比谷公園内にある
老舗洋食レストラン。
緑が望めるテラス席が素敵です。
カレーチャリティーでも有名なお店。

ハヤシ&ビーフカレー
じっくり煮込まれたコクのある
ハヤシとカレー どちらも楽しめる一品。

市政会館

日比谷公園の南東にそびえ立つ
クラシックな建物は
東京都有形文化財に
指定されています

館内は見学会
でのみ見学可

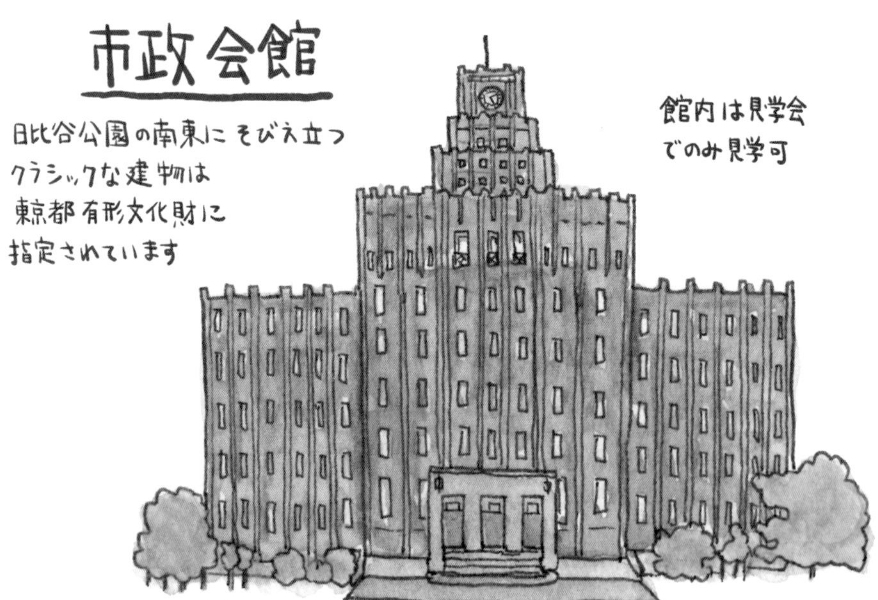

新橋駅西口SL広場のそばにある烏森神社で、カラフルな御朱印をいただいてから、歩いて日比谷へ。広々とした気持ちのいい日比谷公園に入り、公園の中に建つ日比谷松本楼のテラス席に座ってハヤシ&ビーフカレーを堪能しました。純国産の絵具を扱う月光荘画材店では、愛用する著名人も多いというスノッブなオリジナル画材と、親身に話を聞いてくれるスタッフのみなさんの大ファンに。銀座から新橋駅方面へ戻る途中で、念願だった元祖レイズン・ウィッチをゲットしました。

日比谷公園

都心の広大な公園。
広場や図書館、カフェや
野外音楽堂などあり
たくさんの人で賑わっています。

鳥森神社

飲食店が建ち並ぶ街中にある
小さな神社です。10世紀建立と
歴史があり、古くから信仰を集めて
います。カラフルな御朱印が人気です。

新橋駅西口の
SL広場

巴裡 小川軒 新橋店

1905(明治38)年創業の洋菓子店
元祖レイズン・ウィッチが有名です
隣に喫茶店があります

元祖レイズン・ウィッチ
バターの風味豊かな
サクッと香ばしいクッキーで
クリームと肉厚のレーズンを
サンドしたお菓子

月光荘画材店

1917(大正6)年創業の画材店
オリジナルの画材のみ取り扱っています
絵を描く事が好きなら一度は
訪れたい憧れのお店です
ホルンマークが目印

アルミ水彩パレット
かっこいい

著名人も愛用したスケッチブック
サイズ豊富です

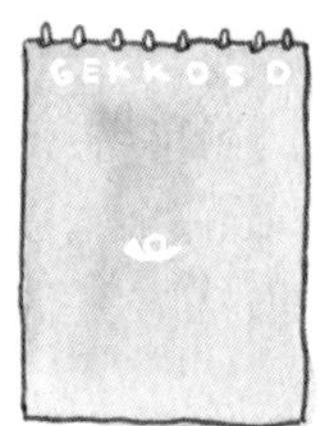

絵具は透明水彩
ガッシュ・油彩などがあります

月光荘サロン 月のはなれ

画材店から歩いて3分の
ビルのテラスにあるカフェ
生演奏やアート展示を
日常で楽しめる隠れ家

日本の中枢を守る仏閣と
名物グルメをめぐる

赤坂

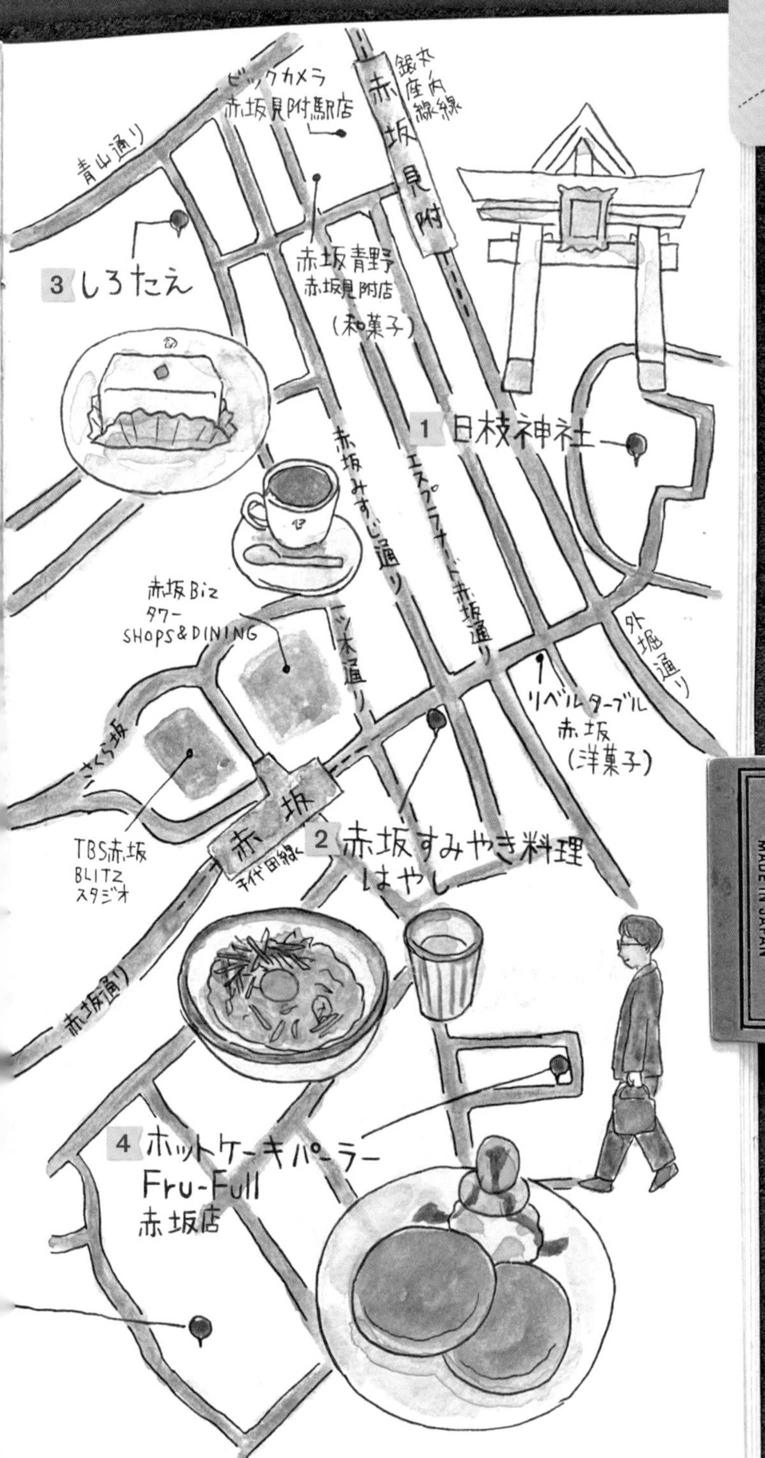

1
日枝神社
➡ p.95
住 東京都千代田区
永田町2-10-5
HP https://www.
hiejinja.net

2
赤坂すみやき料理 はやし
➡ p.94
住 東京都港区赤坂
2-14-1 赤坂山王会館
4F
Instagram @sumiyaki_
hayashi_official

3
西洋菓子 しろたえ
➡ p.95
住 東京都港区赤坂
4-1-4

4
ホットケーキパーラー
Fru-Full 赤坂店
➡ p.94
㊟ 東京都港区赤坂
2-17-52 パラッツオ赤坂
103
HP https://www.frufull.jp/akasaka

5
豊川稲荷
東京別院
➡ p.93
㊟ 東京都港区元赤坂
1-4-7
HP http://www.toyokawainari-tokyo.jp/

6
虎屋菓寮
赤坂店
➡ p.93
㊟ 東京都港区赤坂
4-9-22 とらや 赤坂店
3F
HP https://www.toraya-group.co.jp/

7
赤坂氷川神社
➡ p.92
㊟ 東京都港区赤坂
6-10-12
HP https://www.akasakahikawa.or.jp/

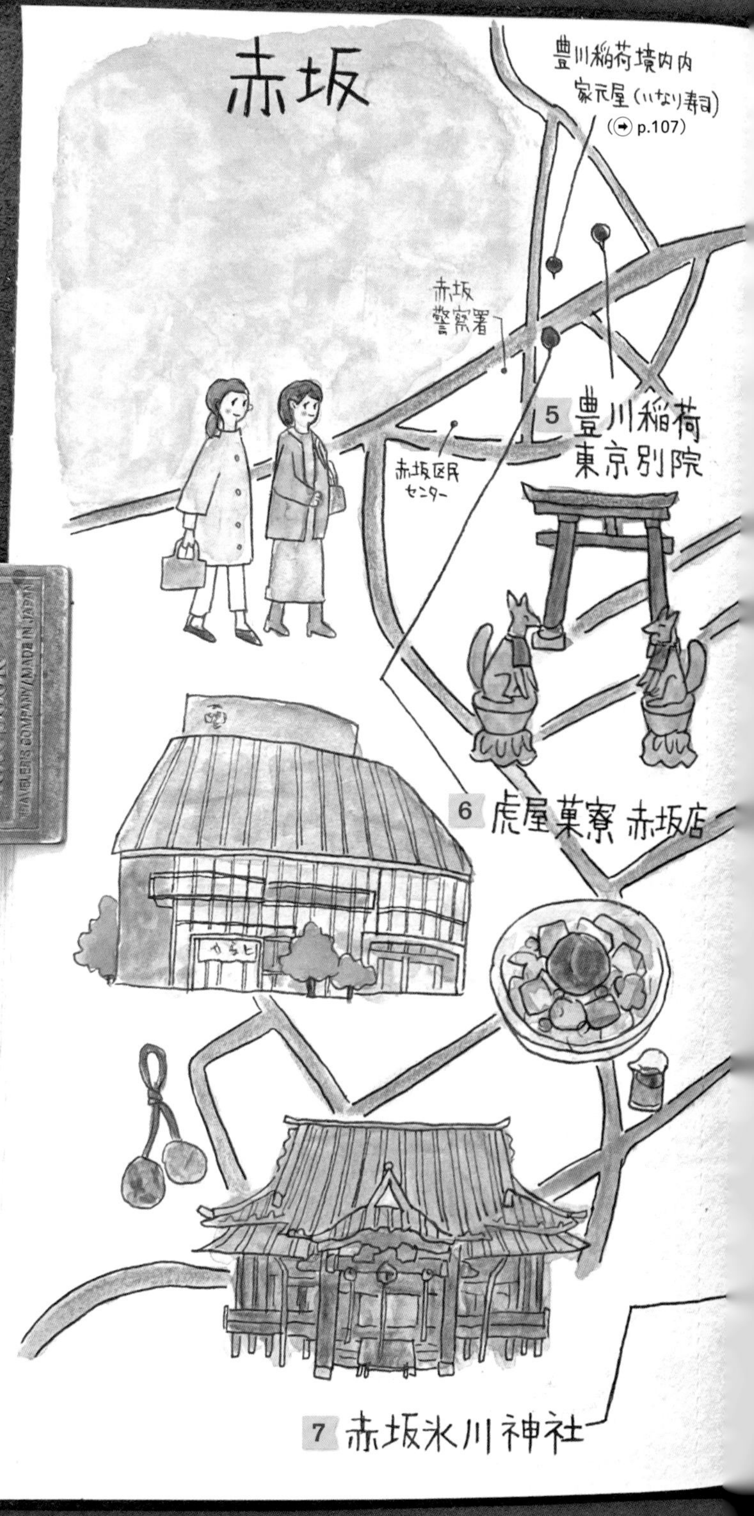

赤坂

豊川稲荷境内内
家元屋（いなり寿司）
（➡ p.107）

赤坂警察署

赤坂区民センター

5 豊川稲荷 東京別院

6 虎屋菓寮 赤坂店

7 赤坂氷川神社

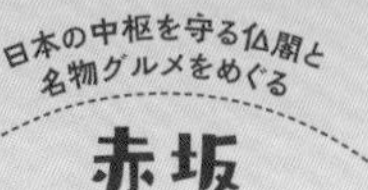

赤坂氷川神社

緑豊かな敷地に鎮座する神社は
厄除や縁結びなどのご利益があるのだそう
境内の公園に推定樹齢400年の
イチョウの木があります

ちりめんで作られた
さくらんぼ結びを
木につり下げて祈願します
縁結びの為にお参りする
若い女性が多かったです

寺や神社といった仏閣を中心に、落ち着いた街並みが印象的な赤坂。駅から10分ほど歩くと、経営者や政治家も参拝に来るという日枝神社をはじめ、赤坂氷川神社や豊川稲荷東京別院があり、日本の中枢が守られているのを感じます。しろたえの名物レアチーズケーキやFru-Fu-Iーのホットケーキ、はやしの親子丼など、グルメも名店多し。和菓子で有名なとらや赤坂店は、地下にギャラリーを併設し、和菓子や日本文化に関する展示を不定期に開催しているそうです。

虎屋菓寮　赤坂店

老舗和菓子屋「とらや」の赤坂店
商品売り場、喫茶の他 ギャラリーの
企画展も楽しみにしています

赤飯
鮮やかな小豆色 ささげでなく
小豆を使用した赤飯はもち米の
甘みと小豆のほっこりやわらかい
食感がやさしい味わい

あんみつ
あんはもちろん 紅白の求肥や
寒天も1つ1つ丁寧に作られているので
一口ごとに幸せになります

豊川稲荷東京別院

愛知県豊川閣の別院で商売繁盛や
芸事にご利益があるとされるお寺
美しい和紙を使用したオリジナルの
御朱印帳が人気です

赤坂すみやき料理 はやし

炭焼料理のお店です
お昼は親子丼のみ
「日本一親子丼」とうたう
人気の一品

赤坂にいるのを
忘れてしまいそうな
古民家風の店内に
癒やされる

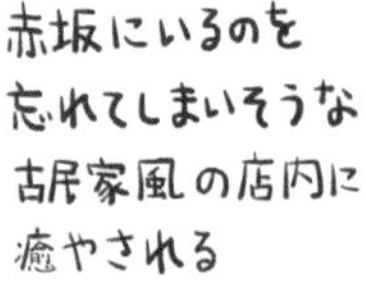

玉子はトロトロ
鶏肉はやわらかく
甘辛い味付け
やさしいお味に
ほっこりします

ビルの中にある
細い入口を
くぐってみたら
その先は

フルーツクリーム
ホットケーキ
焼きたてのホットケーキは
外はさっくり 中はフワフワ
フルーツを混ぜたクリームが
添えられています

ホットケーキパーラー Fru-Full（フルフル）赤坂店

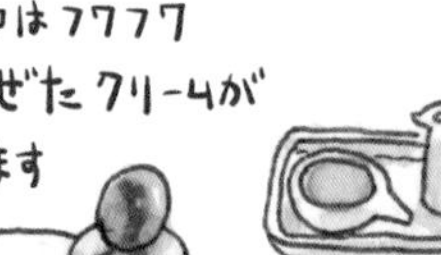

フルーツサンド

ホットケーキとフルーツのお店
フレッシュなフルーツを使った
メニューが人気です

日枝神社

江戸城の鎮守として祀られた神社、現在も政治経済の中枢に近く多くの信仰を集めています

山の形が特徴的な鳥居

結婚式に出会いました

しろたえ

一ツ木通りにある老舗洋菓子店
クラシックな雰囲気で懐かしさを感じるケーキはどれも おいしく
行列が絶えない人気店

名物のレアチーズケーキ

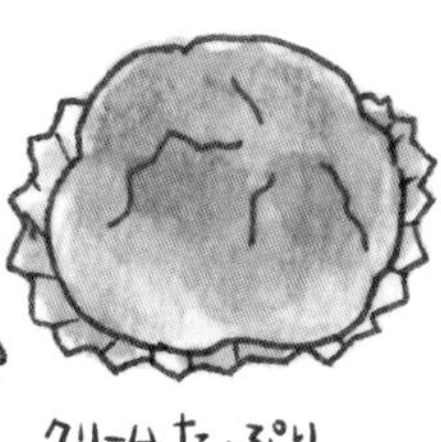

クリームたっぷりシュークリーム

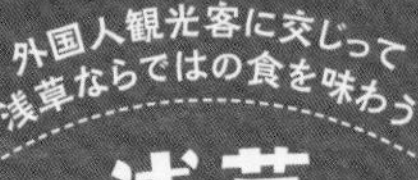
外国人観光客に交じって
浅草ならではの食を味わう
浅草

1 壽々喜園
2 浅草寺
浅草寺病院
伊奈利寿司
福寿家 (→p.107)
浅草神社
馬道通り
木村家人形焼本店
仲見世商店街
観音通り
浅草
東武伊勢崎線
浅草きびだんご
あづま
亀十 (→p.45)
浅草
銀座線
浅草
都営浅草線
隅田川

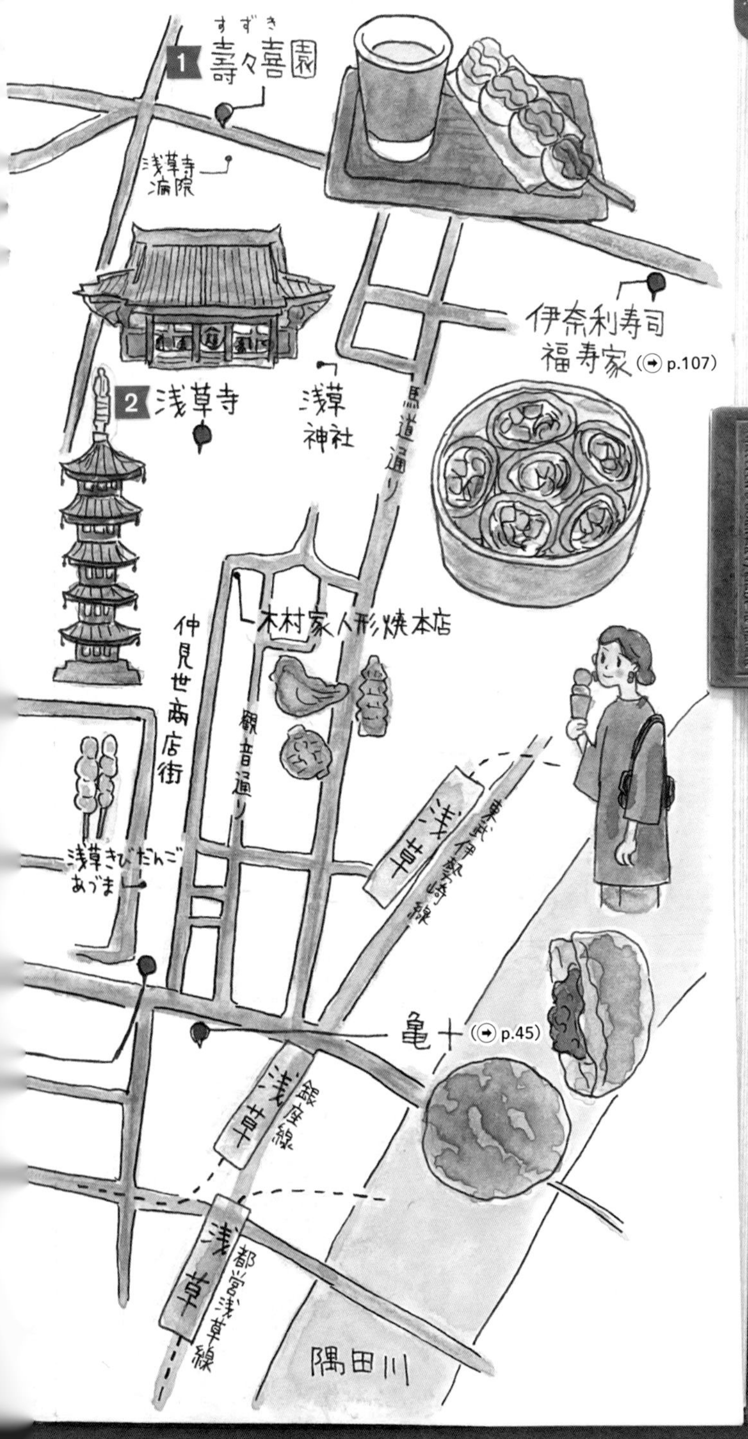

1 壽々喜園
→ p.100
住 東京都台東区浅草3-4-3
HP http://www.suzukien.tokyo/

2 浅草寺
住 東京都台東区浅草2-3-1
HP https://www.senso-ji.jp

3 おにぎり浅草宿六
→ p.99
住 東京都台東区浅草3-9-10
HP https://onigiriyadoroku.com/

4
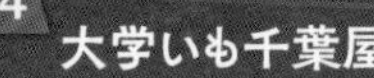
大学いも千葉屋
➡ p.99
住 東京都台東区浅草3-9-10

5
フルーツパーラーゴトー
➡ p.100
住 東京都台東区浅草2-15-4
Instagram @gotofruit

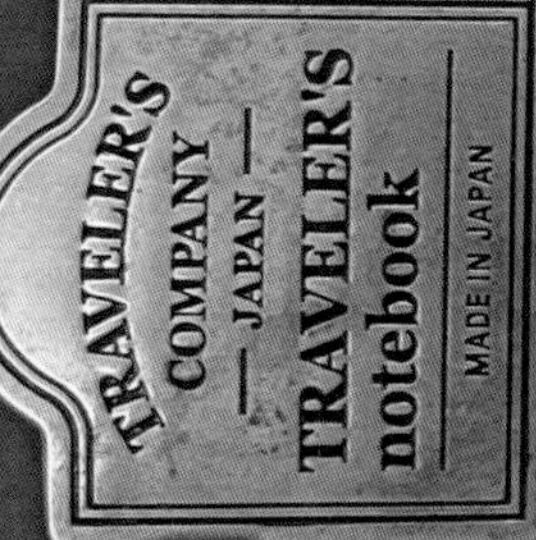

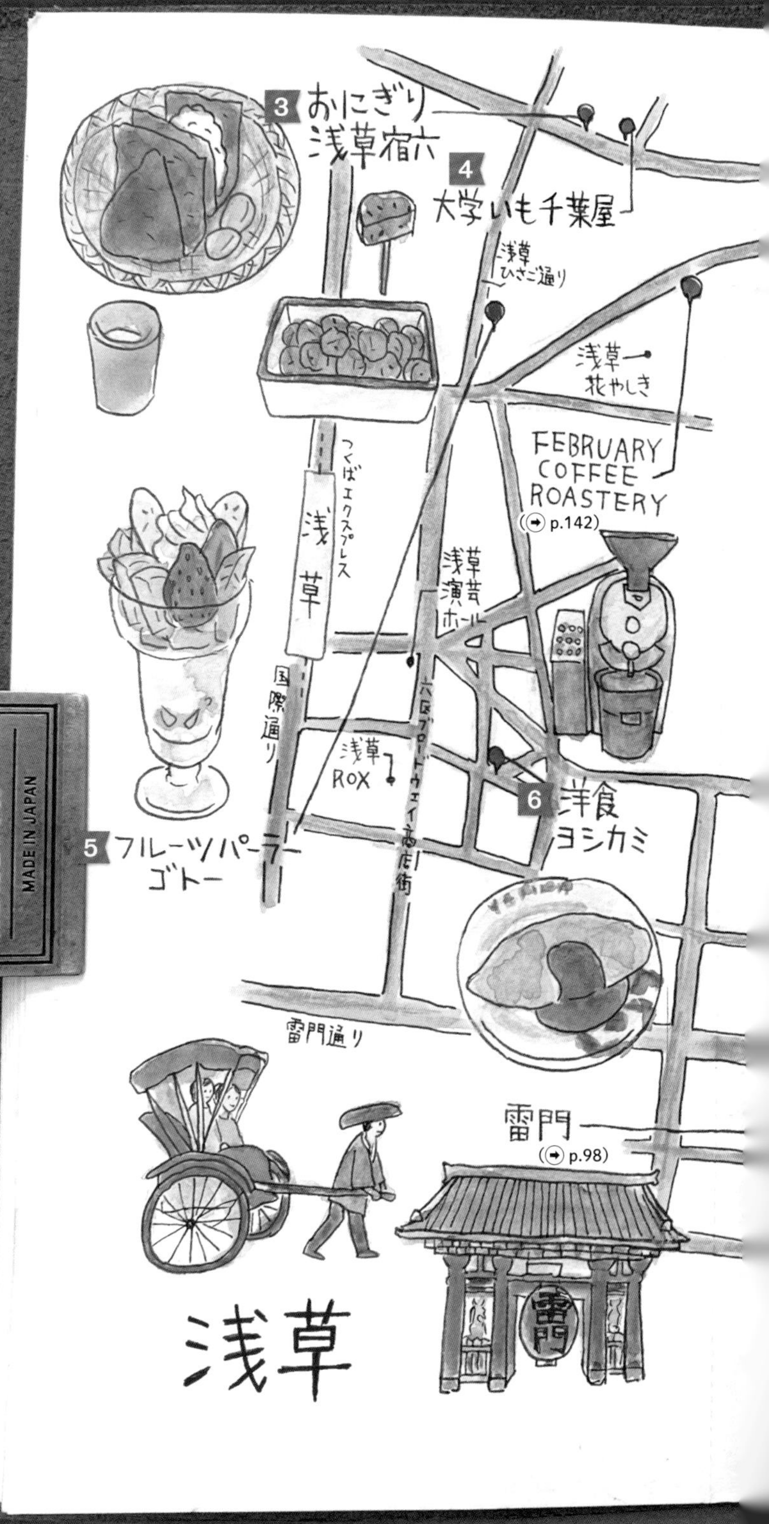

6
洋食ヨシカミ
➡ p.101
住 東京都台東区浅草1-41-4
HP https://www.yoshikami.co.jp

3 おにぎり浅草宿六
4 大学いも千葉屋
浅草ひさご通り
浅草一花やしき
FEBRUARY COFFEE ROASTERY
(➡ p.142)
つくばエクスプレス
浅草
浅草演芸ホール
国際通り
浅草ROX
六区ブロードウェイ商店街
6 洋食ヨシカミ
5 フルーツパーラーゴトー
雷門通り
雷門
(➡ p.98)
浅草

外国人観光客に交じって
浅草ならではの食を味わう
浅草

人力車も人気です

浅草といえば雷門
浅草寺まで続く
仲見世商店街は
活気があります。

雷門

混雑を見込んで朝イチで出発したものの、9時に着いた時にはすでに多くの外国人観光客で賑わっていた浅草。念願だった雷門をくぐり抜けて活気あふれる仲見世商店街を通り、浅草寺で御朱印をいただいたら、その後はグルメ三昧。お目当てだった大学いもを食べ、カウンターでいただくおにぎり専門店の宿六へ。羽釜で炊いたお米と厳選素材で握るおにぎりは、一度味わうとおにぎりの概念が変わるほどのおいしさです。こだわりの味を知ったおかげで、自宅で握るおにぎりまで変わった気がします。

おにぎり浅草宿六

東京で一番古いおにぎり専門のお店。
羽釜で炊いたお米で厳選された
具材を包み、にぎりたてを出してくれます。

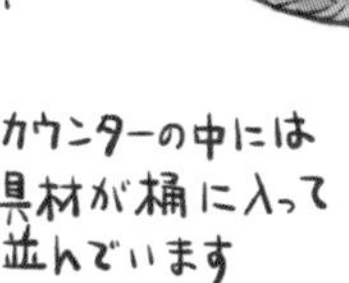

カウンターの中には
具材が桶に入って
並んでいます

ツヤツヤ
ピカピカ
蜜が固まらず
冷たくても
おいしい!

大学いも 千葉屋

大学いもと切揚のお店。サツマイモを
菜種油で揚げ蜜をからめています。

梨とぶどうと
いちじくのパフェ
(9月頃のメニュー)

本日のフルーツパフェ
(春頃のメニュー)

フルーツパーラー ゴトー

フレッシュなフルーツを使ったパフェが
大人気！季節のフルーツが楽しめます

雷門のイラストが
かわいい
ティーバッグ

抹茶ジェラート
濃さは
7段階！

4種の抹茶あんだんご
下にいくほど抹茶の
濃度が上がる

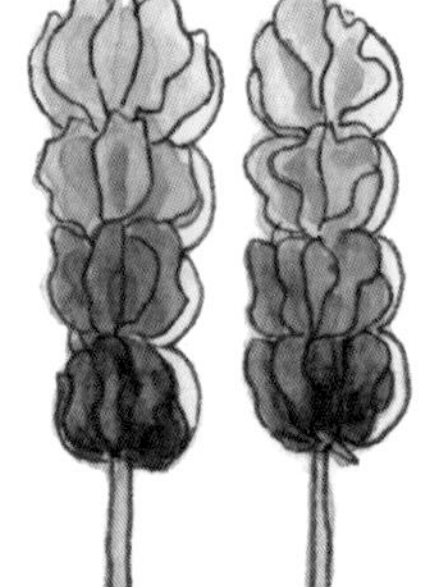

壽々喜園（すずきえん）

日本茶のお店．世界で一番濃い
抹茶ジェラートを求める人で
連日賑わっています．

洋食ヨシカミ

昔懐かしい洋食屋さん。
「うますぎて申し訳ないス!」と
いわれる通りどのメニューも
おいしく いつも大繁盛の名店。

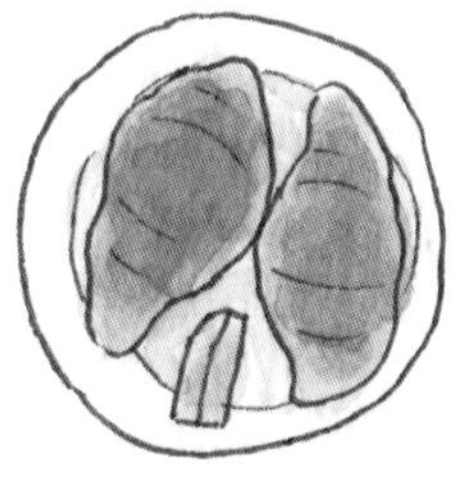

オープンキッチンでは
コックさんがテキパキと
調理しています。

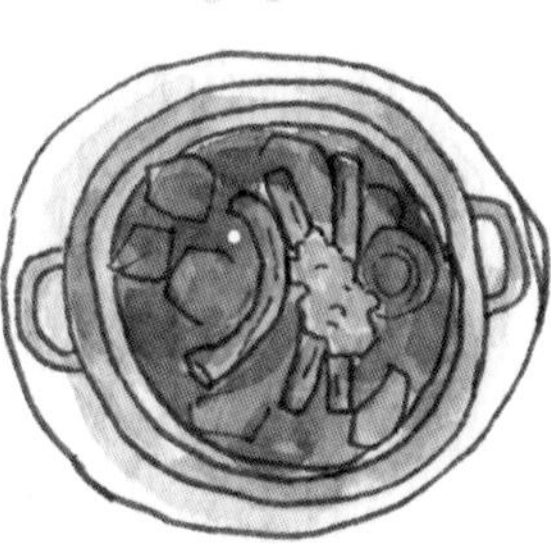

煮込まれて旨みが凝縮した
ビーフシチューはお肉も
やわらか。

ひさご通り沿いにあるフルーツパーラーゴトーは、季節のフルーツパフェが大人気。お一人様でも入りやすかったです。「世界一濃い抹茶」で知られる壽々喜園へ行くと、約8割が外国人客。下に行くほど抹茶の濃度が上がる4種の抹茶あんだんごを平らげました。7段階の濃さから選べる抹茶ジェラートは、ぜひ最高濃度の味をお試しあれ。そして、行列を見つけたら並びたくなる性分の私、オープン前の洋食ヨシカミを見つけると迷わず列の最後尾へ。老舗ならではの本場ビーフシチューを味わえて大満足です。

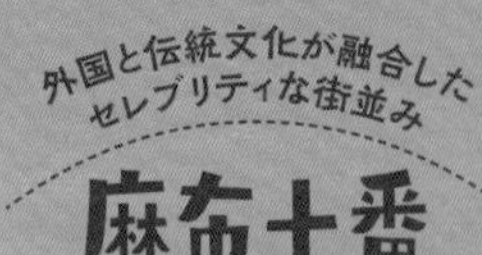

1 十番稲荷神社

かえる像

2 HUDSON MARKET BAKERS

麻布十番
都営大江戸線

南北線

麻布十番大通り

パティオ十番

ロバーツコーヒー
麻布十番店

麻布十番

雑式通り

網代通り

PIZZA STRADA

3 天のや

麻布通り

Have a nice trip
TRAVELER'S notebook
TRAVELER'S COMPANY MADE IN JAPAN

1
十番稲荷神社

➡ p.104
㊟ 東京都港区麻布十番1-4-6
HP https://www.jubaninari.or.jp

2
HUDSON MARKET BAKERS

➡ p.106
㊟ 東京都港区麻布十番1-8-6
HP https://hudsonmarketbakers.jp/

天のや

➡ p.105

住 東京都港区麻布十番3-1-9

HP https://amano-ya.jp/

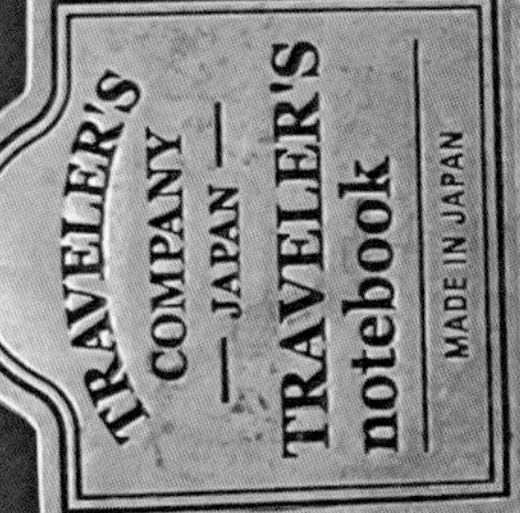

4

更科堀井 麻布十番本店

➡ p.105

住 東京都港区元麻布3-11-4

HP https://www.sarashina-horii.com/

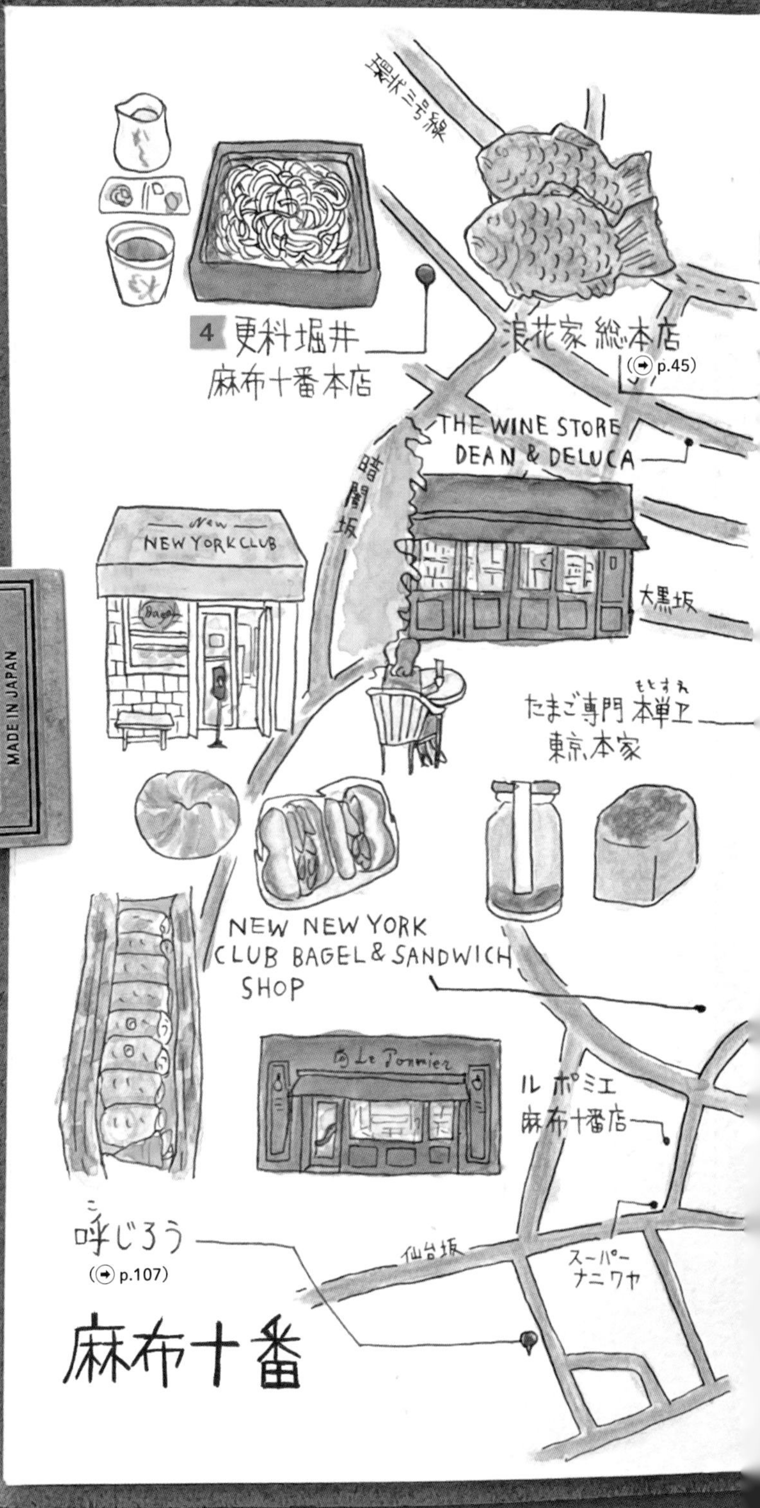

環状三号線

4 更科堀井 麻布十番本店

浪花家 総本店

（➡ p.45）

THE WINE STORE DEAN & DELUCA

暗闇坂

NEW NEW YORK CLUB

大黒坂

たまご専門 本巣ヱ 東京本家

NEW NEW YORK CLUB BAGEL & SANDWICH SHOP

Le Pommier

ル ポミエ 麻布十番店

呼じろう

（➡ p.107）

仙台坂

スーパー ナニワヤ

麻布十番

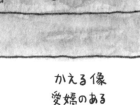

十番稲荷神社

都営大江戸線の出入口すぐの小さな神社です
港七福神の宝船や大蛙の像などがあって
地元の人に親しまれています

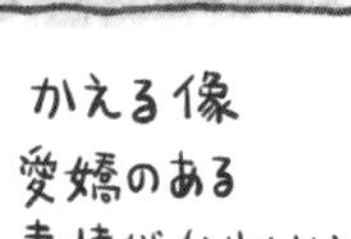
かえる像
愛嬌のある
表情がかわいい

麻布十番駅からすぐの十番稲荷神社は、港七福神のひとつ「宝船」の巡拝所として有名で参拝者で賑わっていました。ランチでいただいたのは、創業230年以上の歴史を持つ更科堀井の白蕎麦。かき揚げもサクサクで美味しかったです。店内は、昼休憩に一人で来てササッと食べて帰る方が多い印象でした。ビブグルマンを獲得した甘味処・天のやでは、穏やかな雰囲気の中で名物の玉子サンドや和のスイーツを完食。麻布十番は、行き交う人や建物、お店のスタッフやお客さんまで上品でセレブな街でした。

更科堀井　麻布十番本店

1789(寛政元)年創業の老舗蕎麦屋さん
落ち着いた雰囲気でお蕎麦がいただけます
名物の更科蕎麦は蕎麦の実の中心部のみを使用しているので白いのが特徴です

まん丸いかき揚げはサクサク!
海老、三つ葉の風味がたまりません

名物の玉子サンド
注文してから作るので出汁巻き玉子が
ふるふるで口の中で出汁がじゅわ~と広がります

手作りプリン
やわらかくなめらか!
やさしい甘さのプリン

天のや

大阪の老舗甘味処が
2002(平成14)年麻布十番に移転しファンを
増やしています　和の落ち着いた雰囲気
ミシュラン認定店です!

HUDSON MARKET BAKERS

ニューヨークスタイルの焼き菓子のお店
ケーキやマフィン、クッキーなど ホームメイドの
温かみある お菓子が人気です

各国の大使館が近いからか、旅行者ではなさそうな外国人の姿を見かけることが多い麻布十番。日本の下町情緒と海外の文化が融合したような、インターナショナルで洗練された雰囲気を感じるエリアです。本場ニューヨークスタイルの世界観がただようHUDSON MARKET BAKERSは、濃厚なNYチーズケーキが人気。一つひとつ手作りで焼いているお菓子が並びます。ケーキと一緒にコーヒーをゆっくりいただき、まるでアメリカにいるような気分を味わいました。

街で人気のいなり寿司

家元屋 (赤坂)

昔ながらのいなり寿司

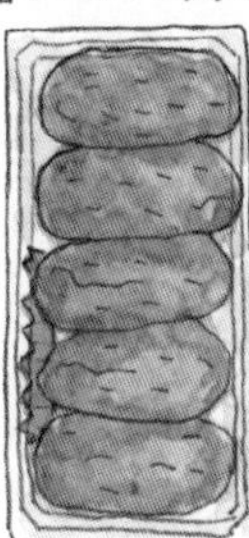

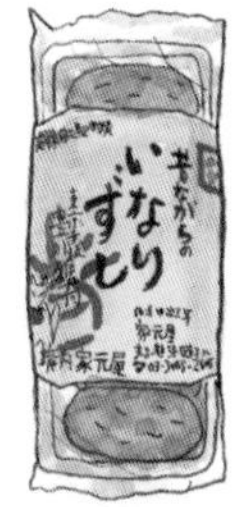

豊川稲荷東京別院 境内にあるお店です
甘辛い出汁がしっかり染み込んだジューシーないなり寿司はファンも多い

呼（こ）じろう (南麻布)

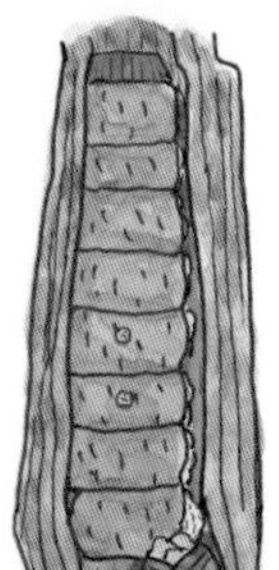

竹皮 8コ入り

閑静な住宅街にあるいなり寿司専門店
ロール状に巻き上げた小ぶりないなり寿司は胡麻や胡桃などの具材入りで上品な味わいです

五色巻詰合せ

人形町志乃多寿司総本店 (人形町)

甘酒横丁にある1877(明治10)年創業の老舗です
いなり寿司は油揚げを3～4日かけて味を染み込ませていて味わいに奥深さがあります

おつな寿司 (六本木)

のり太巻いなり

1875(明治8)年創業の老舗寿司屋
裏返した油揚げと柚子風味の酢飯
「裏を食う」とTV業界のおもたせで人気なのだそう

神田志乃多寿司 (神田)

いなり寿司は甘辛い出汁が染み込んだジューシーな油揚げとレンコン入りの酢飯
かんぴょう巻きは旨みがあり食感も良く絶品です！

太巻詰合せ

鈴木信太郎さんのイラストが描かれた包装紙がかわいい

伊奈利寿司 福寿家 (浅草)

伊奈利寿司

1922(大正11)年創業
10年ほどお店を閉じていましたが4代目の店主によりリニューアルオープンされました、一口サイズのジューシーな油揚げにレンコンの酢漬けや紅しょうが入りの酢飯です

日中は通勤通学、夜は歓楽街
時間帯で表情が変わる

四谷

1
MOCHI
➡ p.113
㊟ 東京都新宿区四谷坂町1-16
Instagram @yotsuya_mochi

2
かつれつ四谷たけだ
➡ p.111
㊟ 東京都新宿区四谷1-4-2 峯村ビル1F

TRAVELER'S COMPANY
— JAPAN —
TRAVELER'S notebook
MADE IN JAPAN

3
たん焼 忍
➡ p.112
㊟ 東京都新宿区四谷三栄町14-4 松啓ビル1F
HP https://tanyakishinobu.com/

4 四谷志乃多寿司

➡ p.110
㊟ 東京都新宿区四谷1-19
HP http://www.shinodazushi.com/

5 たいやき わかば

➡ p.112
㊟ 東京都新宿区若葉1-10 小沢ビル1F

6 須賀神社

➡ p.110
㊟ 東京都新宿区須賀町5-6
HP https://sugajinjya.or.jp/

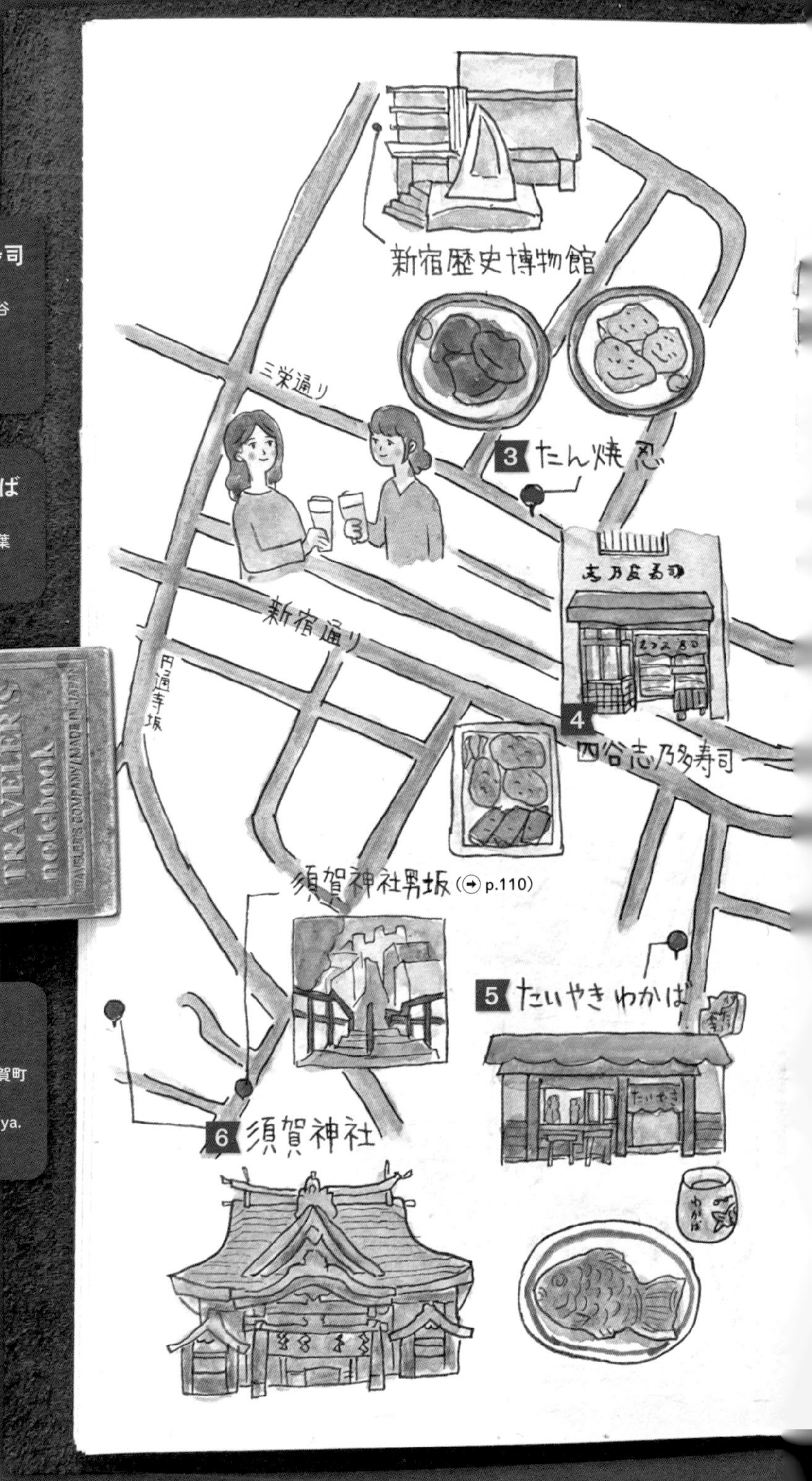

新宿歴史博物館

三栄通り

3 たん焼忍

志乃多寿司

新宿通り

円通寺坂

4 四谷志乃多寿司

須賀神社男坂（➡ p.110）

5 たいやき わかば

6 須賀神社

須賀神社

丘の上に鎮座する
四谷の総鎮守
商売繁盛や五穀豊穣
にご利益あり

須賀神社男坂

アニメ映画の
ラストシーンの坂として有名

四谷志乃多寿司

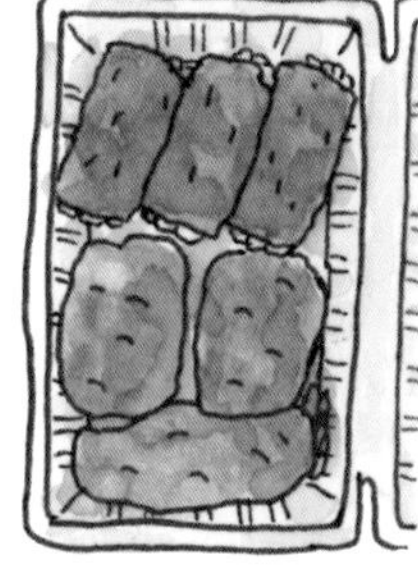

創業100年を超える老舗いなり寿司店
現在はテイクアウトのみ
甘辛いお揚げのいなり寿司と
肉厚でふっくら煮たかんぴょうを
巻いたかんぴょう巻き
どちらもやさしいお味

しんみち通り

歩くとお酒が飲みたくなるような
お店が建ち並ぶ通り

かつれつ 四谷たけだ

JR四谷駅から
しんみち通りを入ってすぐの
人気店、有名人のサインも
たくさん！

メンチミックス定食は
ミニメンチ、エビフライ、キスフライ

ヒレカツ おろしポン酢定食

行列はおいしい証
だと思って並びます

たん焼忍

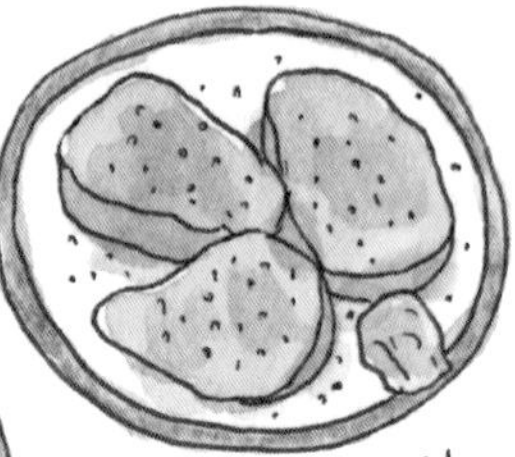

ゆでたん

たんしちゅー

牛たん料理のお店　常に賑わっている
大人気店で 一度食べたら 忘れられない程
おいしい 牛たんです

たいやき わかば

1953（昭和28）年創業の行列が絶えない
人気店です、「鯛焼きのしっぽにはいつも
あんこがありますように」を社訓に 1つ1つ
丁寧に焼かれている たいやきは絶品です！

MOCHI

静かな住宅街の中にある
パンとケーキのお店

シナモンロール
たっぷりのクリームチーズに
シナモンパウダー、生地は
ふんわりもっちり!

クグロフ
オレンジピールやレーズン入り
ふわりやさしい食感

明るい時間帯は学生や会社員が行き交い、夜になると飲み屋街にネオンが灯る四谷は、大通りを外れると落ち着いた住宅街も。駅前で栄えるしんみち通りでは、かつれつ店の四谷たけだに並びました。少し歩くと、牛たんの名店で知られるたん焼き忍や、パンとケーキがおいしいMOCHIが見えてきます。須賀神社の急な男坂は、人気アニメ映画のラストシーンに。名代たいやきわかばで食したたいやきは、薄い生地の皮が美味しくて、頭からしっぽまであんこがぎっしりと詰まっていました。

おしゃれ感度の高い人や店が溶け込む憧れの地

代々木公園

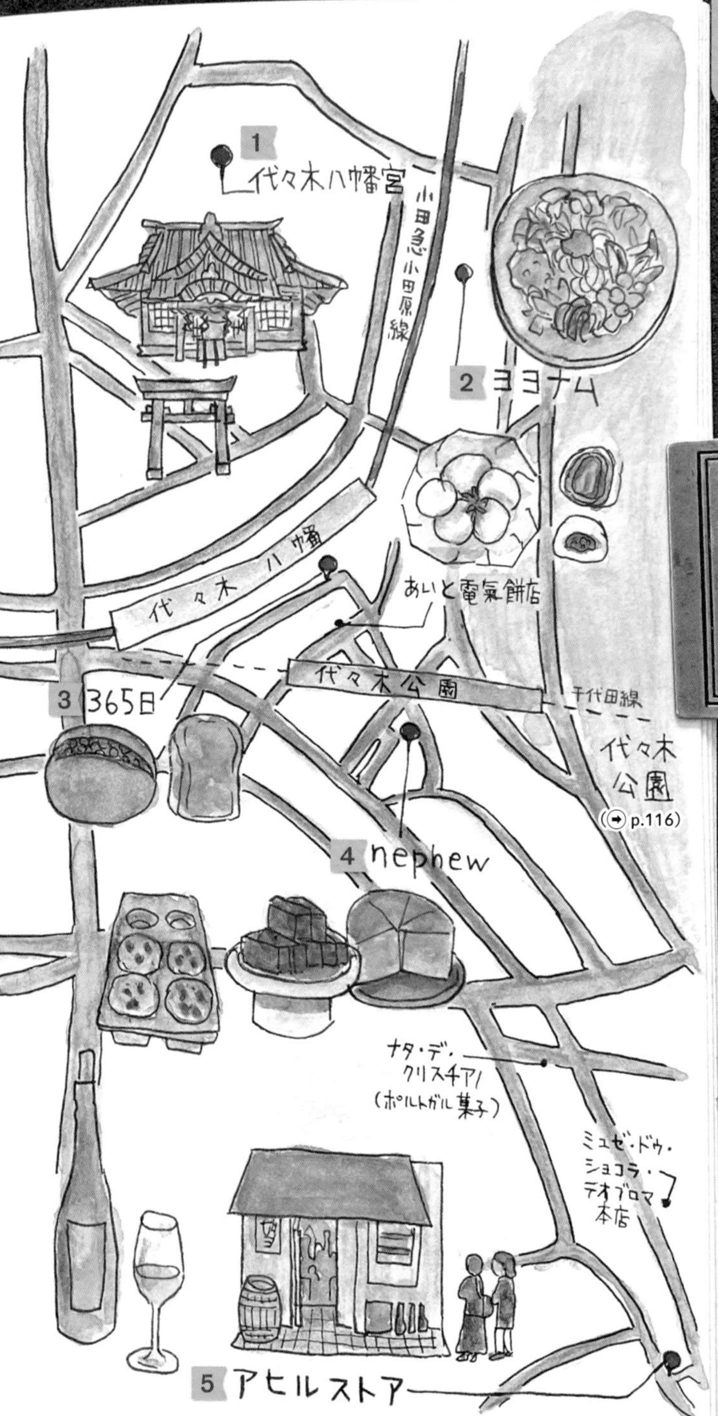

1 代々木八幡宮
➡ p.118
住 東京都渋谷区代々木5-1-1
HP http://www.yoyogihachimangu.or.jp/

2 ヨヨナム
➡ p.118
住 東京都渋谷区代々木5-66-4
HP https://puhura.co.jp/our-shop/yoyonam
Instagram @yoyonam.tokyo

3 365日
➡ p.117
住 東京都渋谷区富ケ谷1-2-8
HP https://ultrakitchen.jp/
Instagram @365_nichi

4 **nephew**
➡ p.117
住 東京都渋谷区富ヶ谷1-7-2
HP https://www.andsupply.store/pages/nephew_yoyogipark
Instagram @nephew_yoyogipark

5 **アヒルストア**
➡ p.119
住 東京都渋谷区富ケ谷1-19-4

6 **ルヴァン富ヶ谷店**
➡ p.119
住 東京都渋谷区富ケ谷2-43-13
Instagram @levain_tokyo

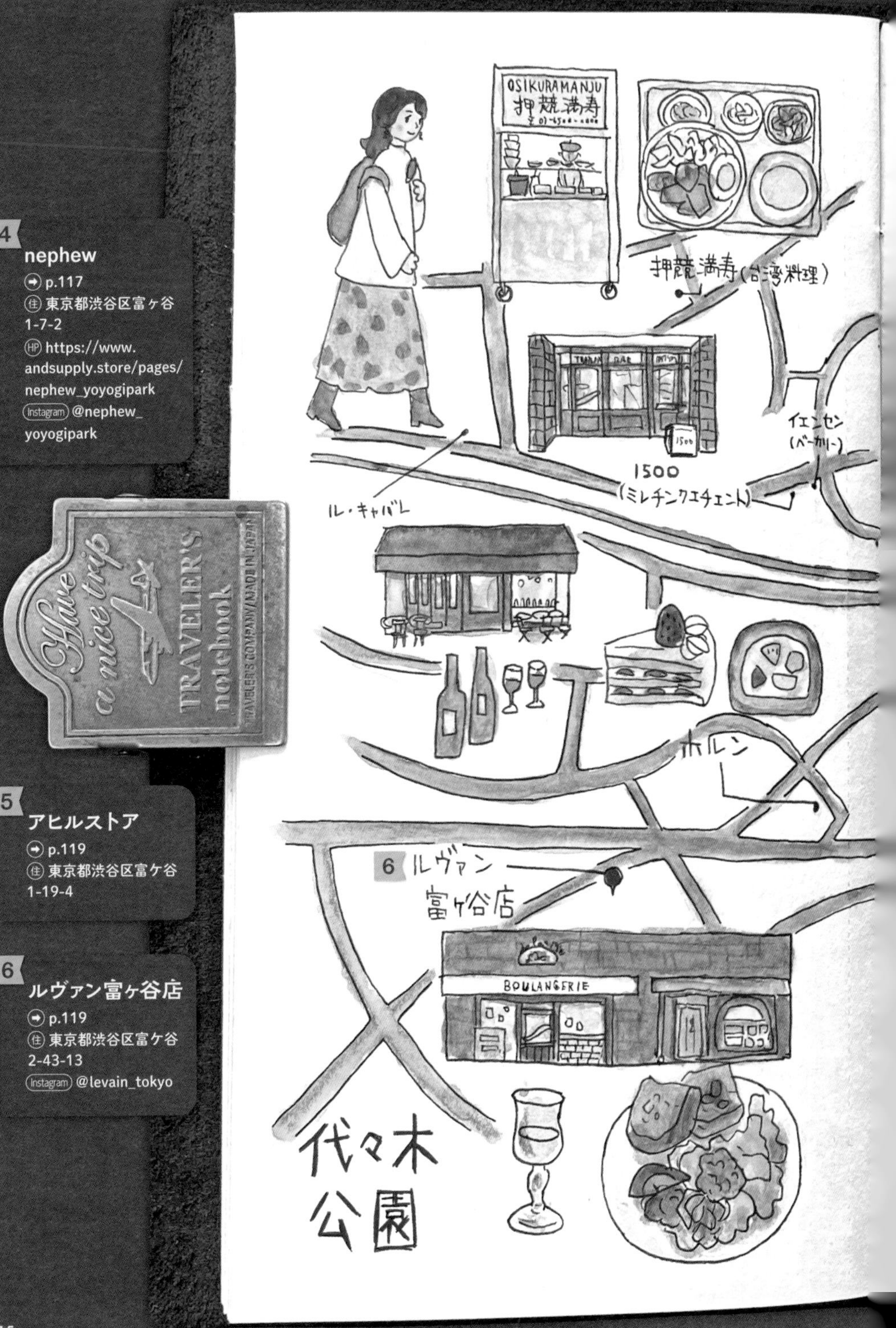

OSIKURAMANJU
押競満寿
押競満寿（台湾料理）
イエンセン（ベーカリー）
1500（ミレチンクエチェント）
ル・キャバレ
ホルン
6 ルヴァン富ヶ谷店
BOULANGERIE
代々木公園

代々木公園

都心にある広大な森林公園
気候の良い季節にはピクニックや
散歩する人で賑わいます

緑豊かな自然と洗練された空気が流れる代々木公園周辺。おしゃれな人々が街に溶け込み、ハイセンスな暮らしを楽しむ憧れのエリアの印象です。昔から栄える土地には、代々木八幡宮のような大きな神社がありますね。私が「こんなにおいしいなんて！」とナチュラルワインに開眼したアヒルストアや、パン好きに人気のグロッサリー、デザイン会社が手がけるカフェ&バーなど、建ち並ぶショップも独創的。ビブグルマンを獲得したベトナム料理店ヨヨナムは常連客で賑わっていました。

365日

国産食材を使った焼きたてのパンが美しく並びます
セレクトした調味料やお米、コーヒー
ナチュラルワインなどが揃う人気のお店

ペーパーバッグがかわいい！

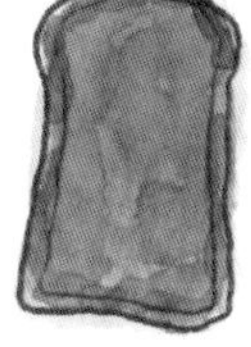

ハニートースト

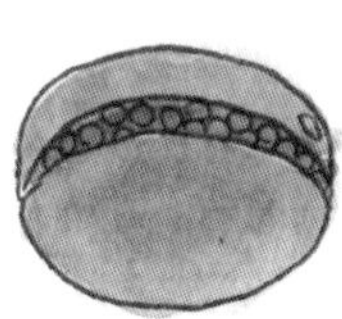

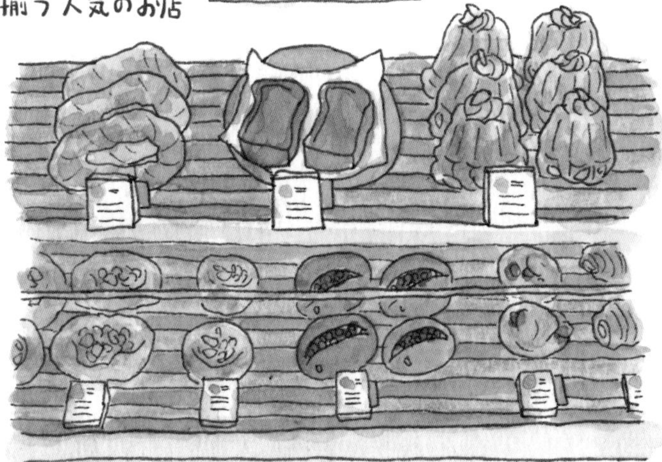

クロッカンショコラ
挟まれたチョコがカリカリとした食感で楽しい！

nephew

昼はカフェ、夜はバーになるお店
デザイン会社運営でとってもおしゃれ！
カウンターすぐのスイーツタワーは
海外のカフェのようでワクワクします

マフィン

パウンドケーキも色々と

キャロットケーキ

ボックスシートも良い感じ！

代々木八幡宮

1212（建暦2）年創建の神社
応神天皇さまが祀られています
厄除開運にご利益が
あるのだとか

緑豊かな境内
縄文時代の土器や
竪穴式住居の復元も
あります

季節野菜のカリカリ和え麺

野菜たっぷり！
色々な食感が楽しい
一番人気メニュー

ヨヨナム

細い路地を入った先にある
隠れ家のようなベトナム料理店
代々木公園も近いのでテイクアウト
している人も多い人気店

ルヴァン富ヶ谷店

牧歌的な佇まいは
フランス田舎のパン屋さんのよう
酸味があり 噛むごとに素材の
旨みを感じる自家製 酵母のパンは
量り売りでカットしてくれます
隣 にカフェもあります

アボカドとタコのサラダ
ほとんどの人が 注文するという
人気メニュー

ウフマヨ
カンパーニュもおいしい!

気軽に飲んでも
真面目に飲んでも
寄り添ってくれそうな
ナチュラルワイン

ワイン好きなら一度は訪れたい
ナチュラルワインの ワインバー
おいしい ワインと料理を楽しみに
来た人達の高揚感が伝わります

アヒルストア

日本の建築や民芸品を
称揚したくなる"文芸の街"

駒場

1
BUNDAN
➡ p.124
㊟ 東京都目黒区駒場
4-3-55
（日本近代文学館内）

2
うつわとカフェ
Lim.
➡ p.122
㊟ 東京都目黒区駒場
3-11-14 1F
HP https://limkomaba.
stores.jp/
Instagram @lim.komaba

3

ル・ルソール

➡ p.124

㊟ 東京都目黒区駒場3-11-6桑野ビル1F

HP https://leressort.official.ec/

Instagram @le_ressort

4

旧前田家本邸洋館

➡ p.123

㊟ 東京都目黒区駒場4-3-55

HP https://www.syougai.metro.tokyo.lg.jp/sesaku/maedatei.html

TRAVELER'S COMPANY — JAPAN — TRAVELER'S notebook MADE IN JAPAN

5

日本民藝館

➡ p.125

㊟ 東京都目黒区駒場4-3-33

HP https://mingeikan.or.jp/

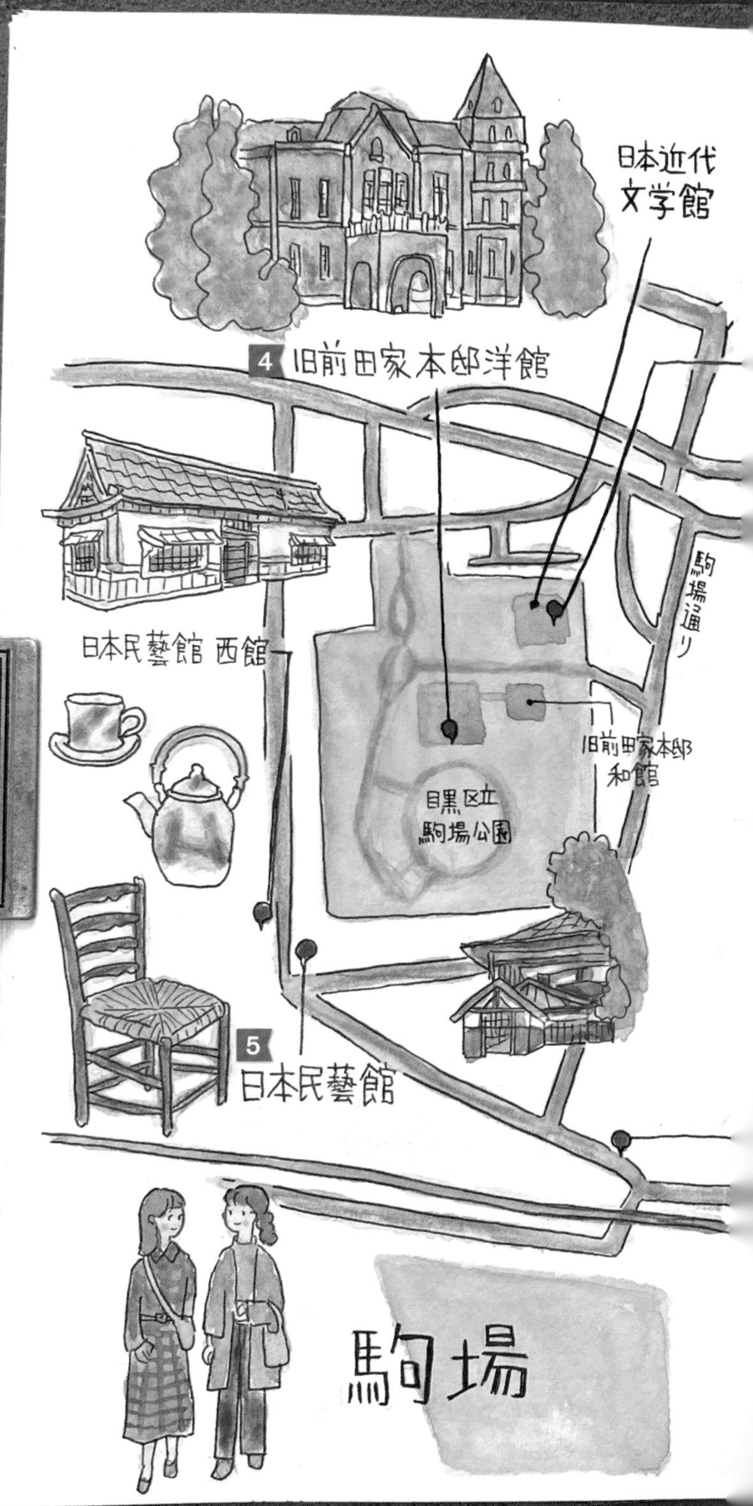

日本近代文学館

4 旧前田家本邸洋館

駒場通り

日本民藝館 西館

旧前田家本邸和館

目黒区立駒場公園

5 日本民藝館

駒場

うつわとカフェ Lim.

木の扉を開けると無機質で湾曲したカウンターが
店内いっぱいに広がりモダンな印象
日本作家の器を楽しめるギャラリーも

抹茶ラテを注文したら
抹茶をたてて淹れてくれて
とても優雅な気持ちに
なりました。和スイーツも
おいしそう！

駒場は、日本民藝館に行きたくて訪れた街です。館内は椅子や柱ひとつとっても、鋭い審美眼で細部まで吟味し尽くされた空間。ミュージアムショップにも、展示室と同じように時間をかけて見ていたい作品が並んでいます。日本民藝館にほぼ隣接する、駒場公園内の旧前田家侯爵の洋館に寄ってから、代々木方面に歩くと見えてくるのが「本好きが集まる聖地」日本近代文学館。館内にある、壁一面が本で埋め尽くされたブックカフェも有名です。駒場は文学や建築、民芸品が集まった"文芸の街"でした。

加賀藩主・前田家の第16代当主、前田利為侯爵の邸宅だった建物で、渡り廊下でつながっている隣の和館と敷地全体が国指定、重要文化財になっています

赤い絨毯にシャンデリアがドラマチックな階段
華麗な侯爵家の建物や家具がそのまま保存されています

前田家で使用されてきた食器や銀のカトラリーなども展示されています

日本近代文学館内にある 文学カフェ
店内にある約2万冊の書籍は閲覧可能
読書したり、PCを持ちこんだり
落ち着いた空間で時が経つのを忘れそう

文学作品の中に登場する
料理をイメージしたメニューが
楽しいです!

牛めし

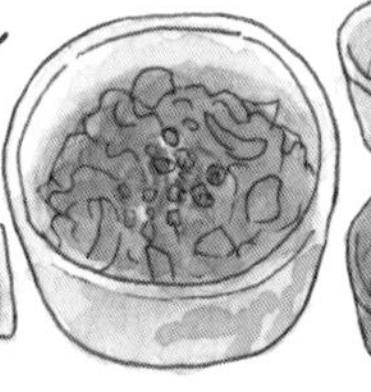

林芙美子「放浪記」から

ル・ルソール

京王井の頭線、駒場東大前にある
おしゃれなフランス系パン屋さん
厳選された素材を使ったパンは ハード系や
惣菜系など様々あって美しく並ぶ

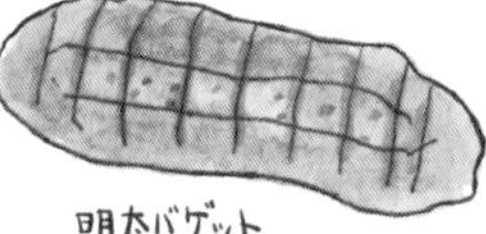

明太バゲット
明太子とバターのクリームが
挟まったバゲット

ピスタチオ クリーム
クルミパンに濃いグリーンの
ピスタチオクリームがサンドされた
人気のパン

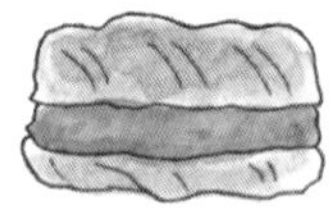

塩バターコーンパン
コーンがぎっしり!

お土産に購入した本染ナプキン
木綿に藍染の布は、洗う度に
手に馴染み お気に入りの1枚に

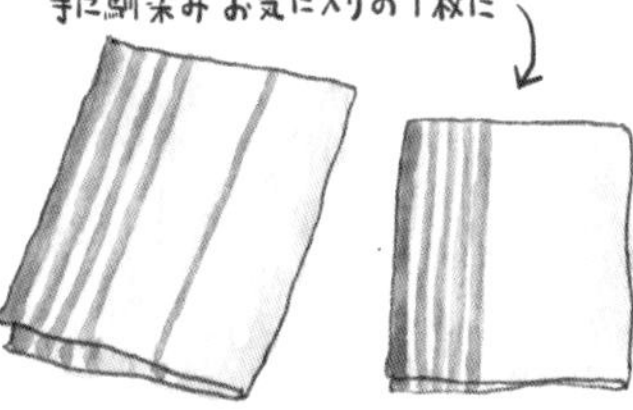

旧柳宗悦邸の西館は
開館日が決まっているので
HPをチェック

日本民藝館

1936(昭和11)年「民藝運動」を創始した
柳宗悦氏により開設された美術館
柳氏の審美眼により 集められた
工芸品が展示されています

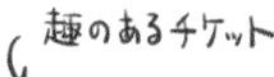

生活拠点に隠れた名店多し
ふらっと寄って楽しむ

西荻窪

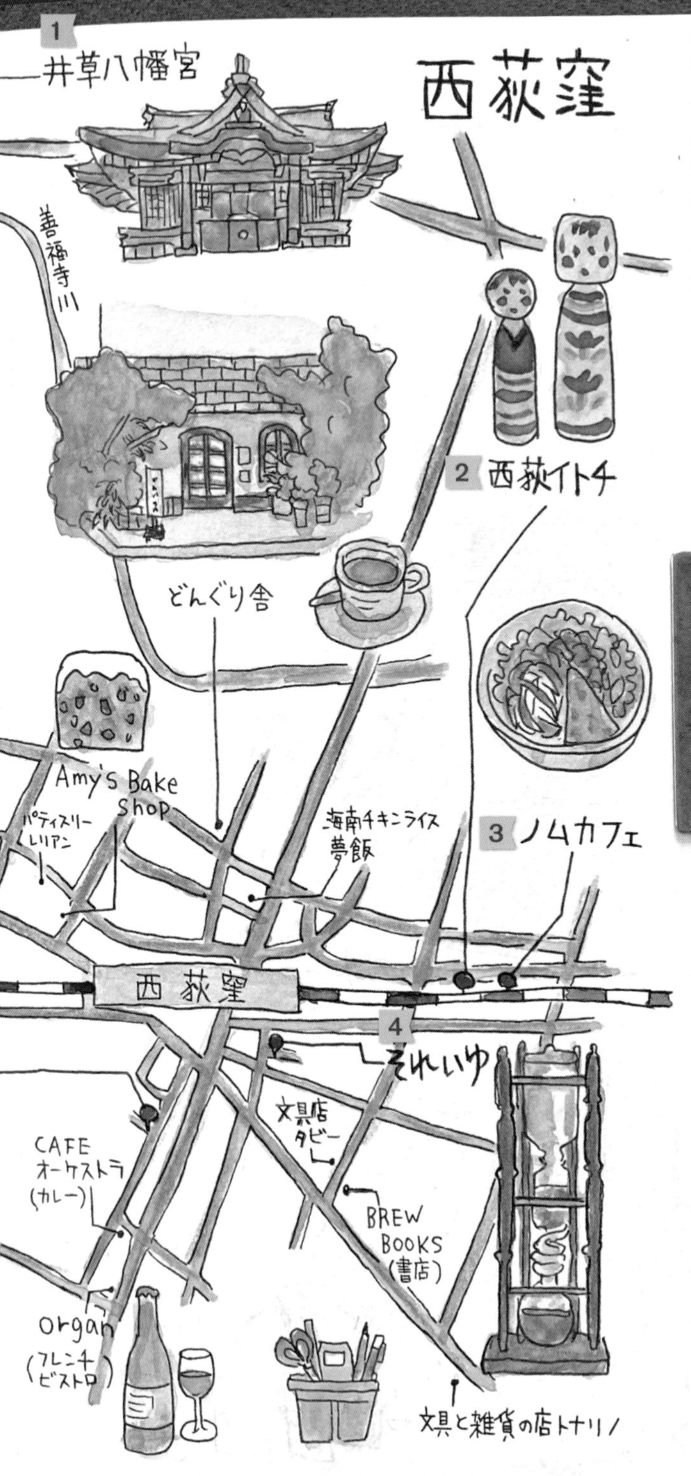

1 **井草八幡宮**
➡ p.131
㊟ 東京都杉並区善福寺1-33-1
HP https://www.igusahachimangu.jp

2 **西荻イトチ**
➡ p.129
㊟ 東京都杉並区西荻北2-1-7
HP http://tea-kokeshi.jp/

3 **ノムカフェ**
➡ p.130
㊟ 東京都杉並区西荻北2-1-8

4 **それいゆ**

➡ p.128

住 東京都杉並区西荻南3-15-7

Instagram @soleil_nishiogi

5 **えんツコ堂製パン**

➡ p.131

住 東京都杉並区西荻北4-3-4

Instagram @entuko

6 **越後鶴屋**

➡ p.129

住 東京都杉並区松庵3-38-20

HP https://omochiya.jp/

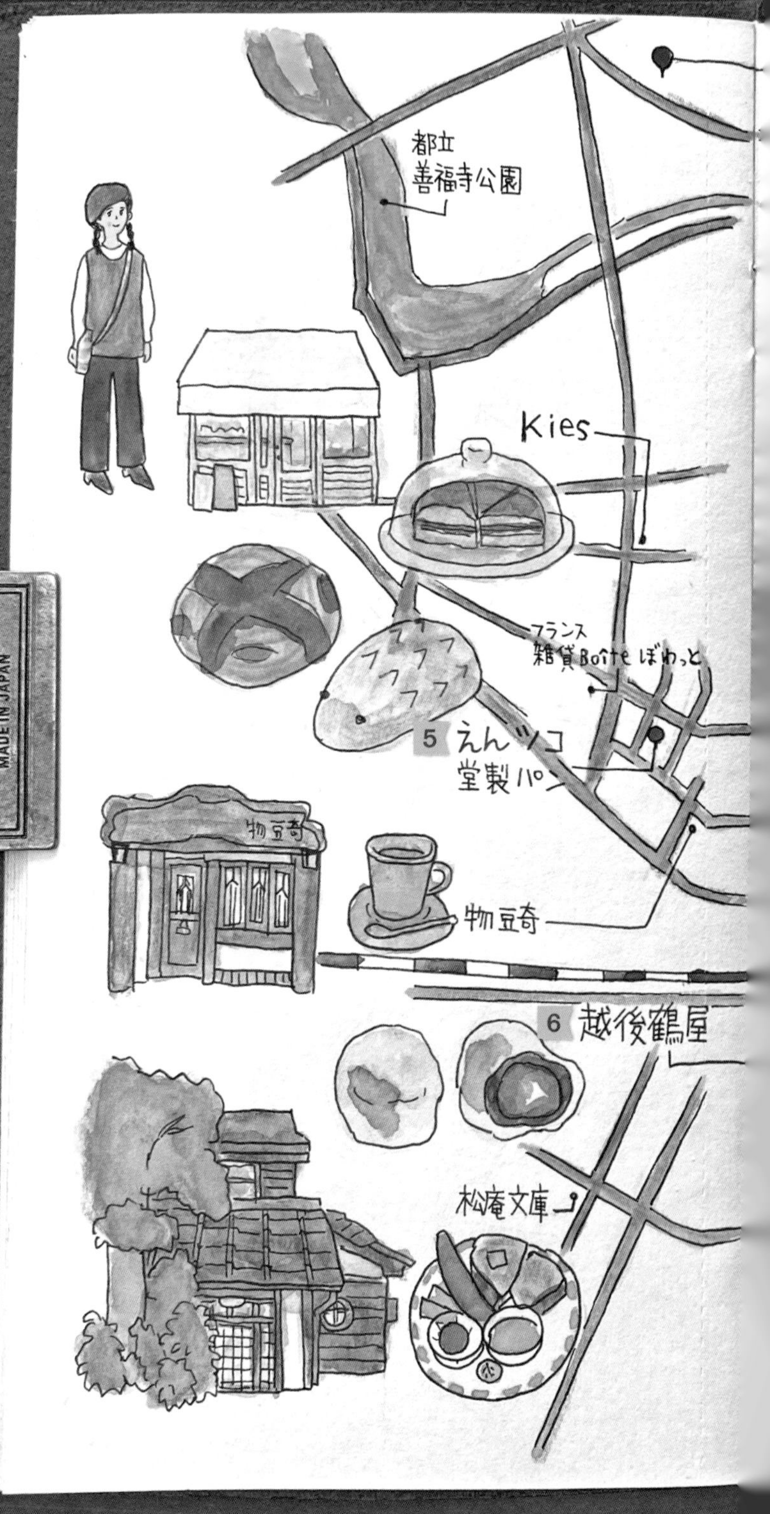

都立
善福寺公園

Kies

フランス
雑貨Boîteぼわっと

5 えんツコ
堂製パン

物豆奇

物豆奇

6 越後鶴屋

松庵文庫

店内中央にそびえる
水出しコーヒー器具
12時間かけて
抽出するのだそう

モーニング
厚焼きトーストセット

外はカリッと
中はフカフカのパン
バターがたっぷり
染み込んでいます

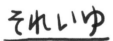

水出しコーヒーを
温めて提供
される
ブレンドコーヒー

それいゆ

懐かしい雰囲気で
老若男女が集う懐の深い老舗喫茶店

手芸道具や端切れを求めて、何度も訪れている西荻窪。住宅街の中で素敵な店を見つけ、暮らすように旅している気分に。遠目からもかわいらしい外観の西荻イトチは、紅茶と郷土玩具の専門店。お隣のベトナム料理店は、パクチーご飯が絶品でした。駅前のそれいゆは、アイスもホットも水出しコーヒーが味わえます。越後鶴屋でジューシーないちご大福を、えんツコ堂製パンで大人気のはりねずみパンを購入し、バスで井草八幡宮へ。縄文時代の住居跡や土器等が発見されている神社で、御朱印をいただきました。

西荻イトチ

紅茶がおいしかったので
お土産に茶葉を購入
葉の産地から淹れ方まで
丁寧に教えていただきました

紅茶と郷土玩具のお店
扉を開けると左手の壁一面に
かわいいこけしがお出迎え
一つひとつ表情が違い見入ってしまいます

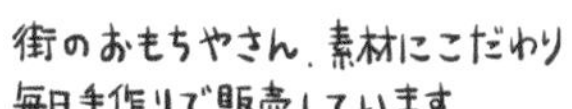
街のおもちやさん、素材にこだわり
毎日手作りで販売しています

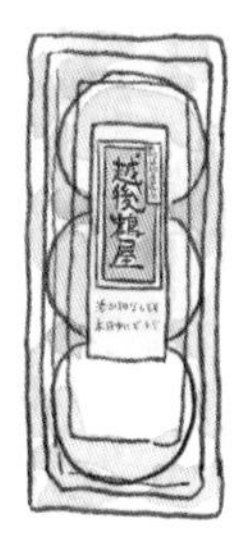

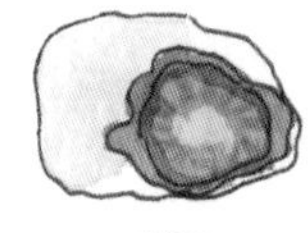

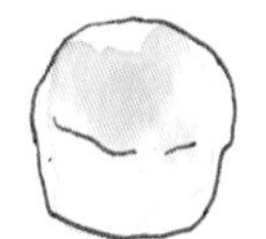

大人気のいちご大福
やわらかで歯切れの良い
おもちで包まれたいちごは甘酸っぱく
北海道産小豆のやさしい甘さと
調和し絶妙なハーモニーが広がります

越後鶴屋

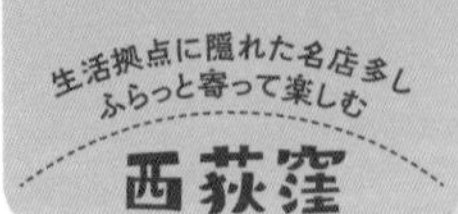

ノムカフェ

ベトナム料理のお店
お一人様も多く落ち着いた店内
ソンベ焼などベトナムの器にも心癒やされます

パクチーご飯
山盛りのパクチー、豚肉
なますに蒸し玉子入り
甘酸っぱいヌクチャムタレを
かけていただきます
おいしくてまた食べたくなる
人気メニュー

ベトナムコーヒー
ベトナムのフィルター
カフェ・フィンで抽出した
濃いめのコーヒーとコンデンスミルク
を混ぜて飲みます

井草八幡宮

源頼朝公が戦勝祈願に立ち
寄ったと伝わる神社
西荻窪駅からバスで10分程
広大で緑豊かな境内は荘厳な空気に
包まれていました

頼朝公御手植の松
頼朝公が自ら植えて
奉献された松の木
現在の松は2代目

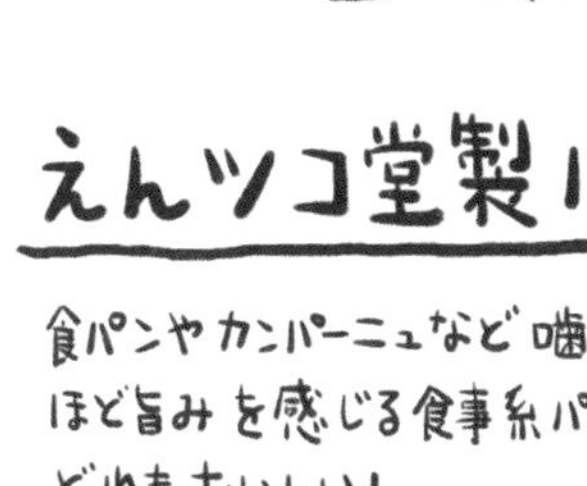

えんツコ堂製パン

食パンやカンパーニュなど噛みしめる
ほど旨みを感じる食事系パンは
どれもおいしい!
ソムリエの資格を持つ店主さん
おすすめワインも販売されています

西荻ハリーくん
ガチャガチャにもなった
名物パンは
ベルギーチョコ入り

カルダモン
ロール

もっちりクロワッサン

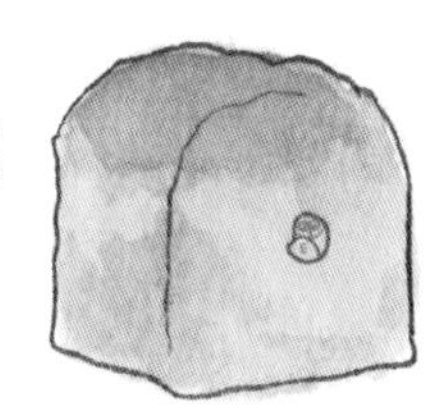

えんツコトースト

公園から商店街まで
賑わう駅の周辺を歩く

吉祥寺

1
吉祥寺さとう
➡ p.137
㊟ 東京都武蔵野市
吉祥寺本町1-1-8
HP https://www.shop-satou.com/

2
小ざさ
➡ p.136
㊟ 東京都武蔵野市
吉祥寺本町1-1-8
HP https://www.ozasa.co.jp

3
塚田水産
➡ p.136
㊟ 東京都武蔵野市
吉祥寺本町1-1-8
HP https://tsukada-satsuma.com/

4
Boulangerie Bistro EPEE
➡ p.135
㊟ 東京都武蔵野市吉祥寺南町1-10-4
HP https://www.mothersgroup.jp/shop/epee.html

5
まめ蔵
➡ p.137
㊟ 東京都武蔵野市吉祥寺本町2-18-15
HP https://p390500.gorp.jp/

6
chai break
➡ p.134
㊟ 東京都武蔵野市御殿山1-3-2
HP https://www.chai-break.com/

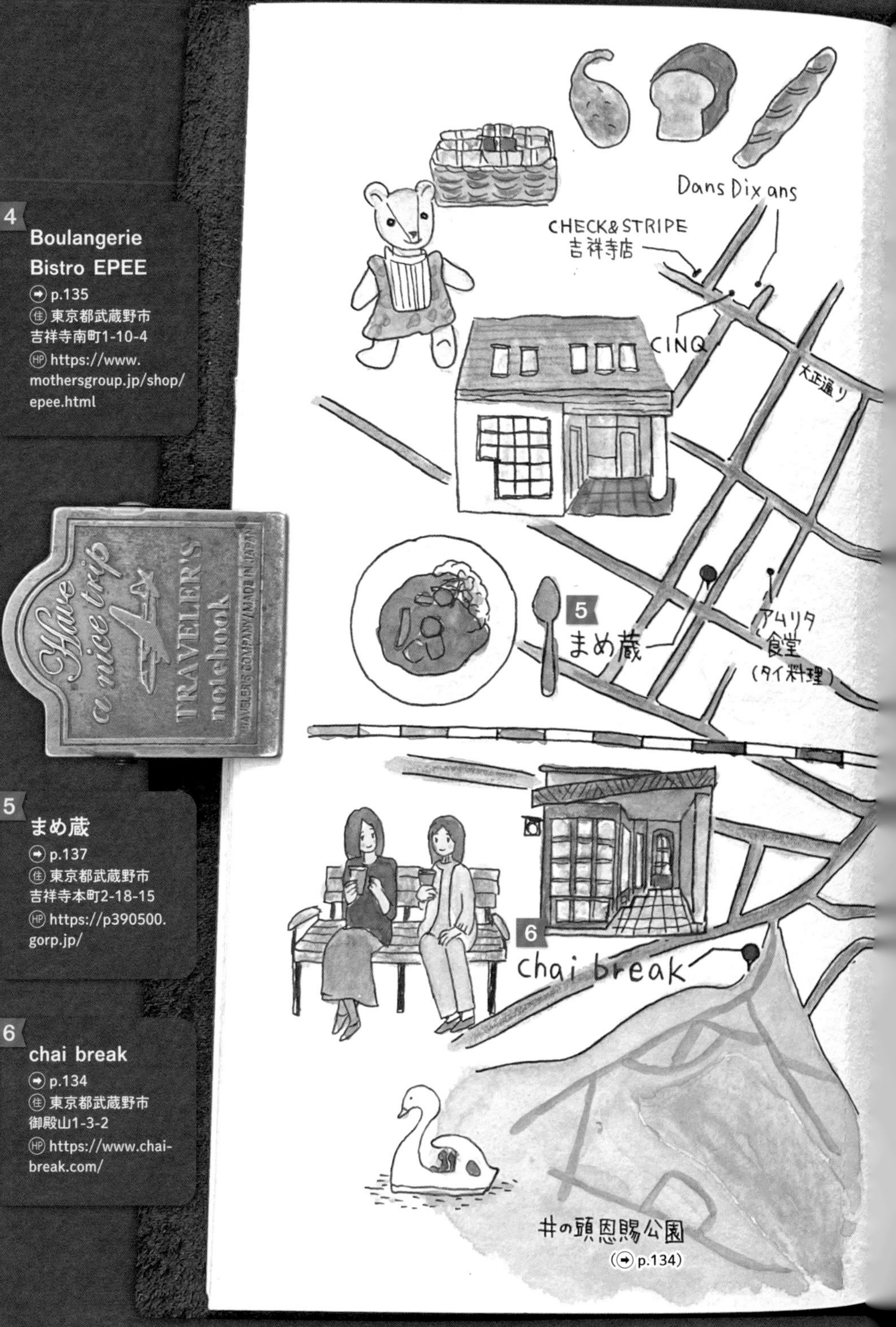

Dans Dix ans
CHECK&STRIPE 吉祥寺店
CINQ
大正通り
5 まめ蔵
アムリタ食堂（タイ料理）
6 chai break
井の頭恩賜公園
（➡ p.134）

井の頭恩賜公園

100年以上の歴史を持つ広大な公園
駅からも近く動物園や広場などがあり
憩いの場所として親しまれています

チャイ　ブレイク

chai break

スパイスチャイを
テイクアウトして
公園へ

井の頭公園のほとりにある
チャイと紅茶のお店
丁寧に淹れてくれるチャイは
スパイスの香りと濃厚なミルクで
ホッとするおいしさ

吉祥寺を訪れて驚いたのが、駅チカにのんびりと過ごせる広大な井の頭公園があること。さっそくチャイブレイクのチャイをテイクアウトして園内を歩きました。公園からすぐのＥＰＥＥでパンを買い、賑わう吉祥寺ダイヤ街を散策。小ざさの最中は３日経っても皮がパリッと香ばしく、塚田水産のさつま揚げはウインナーなどの珍しい種類も。迷わず並んださとうの揚げたてメンチカツは、家族にも大好評でした。老舗カレー店まめ蔵は、男性の一人客もちらほら。活気づく街の雰囲気を堪能しました。

ハード系やデニッシュなど
種類が豊富

Boulangerie Bistro EPEE（エペ）

フランスの雰囲気がただよう
おしゃれなビストロと
パン屋さん

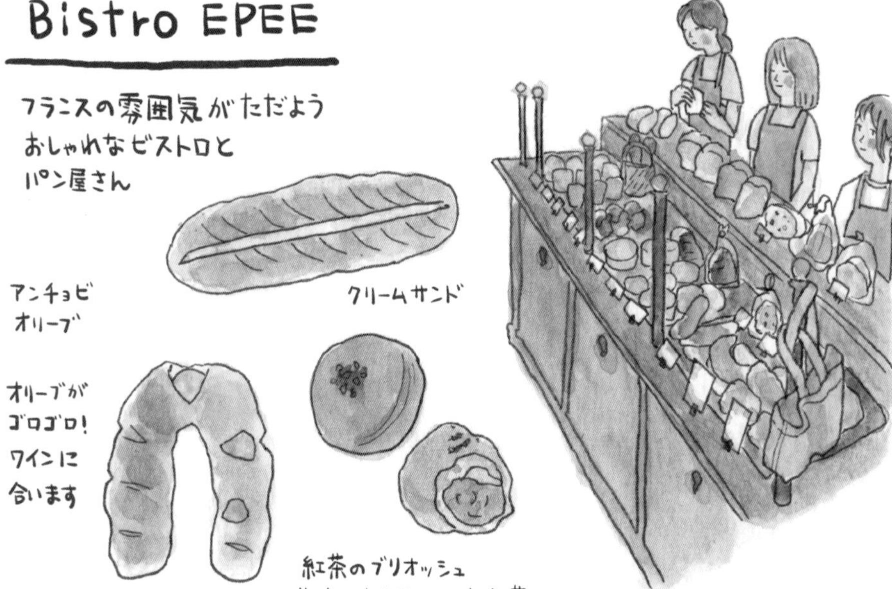

最中は小豆あんと
白あんの2種類
みずみずしいあんと
パリッとした食感の皮は
まさに口福!

小ざさ

1951(昭和26)年創業の老舗和菓子屋
商品は早朝から並ばないと買えない羊羹と
最中のみ 行列の絶えないお店です

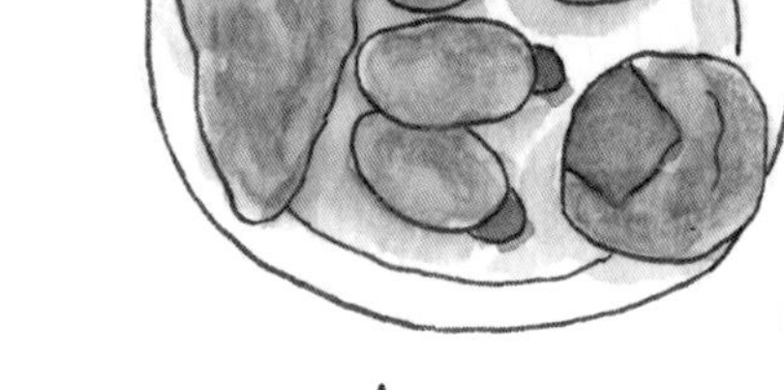

塚田水産

自家製さつま揚げ、おでん種の
お店 種類が豊富で
他にはない「しゅうまい」や
「ウインナー」など面白いものも!
行列の出来る人気店

吉祥寺ハーモニカ横丁

戦後の闇市から始まった昭和の香りただよう横丁
小さなお店が100軒以上並んでいます

吉祥寺さとう

商店街でひときわ長い行列は
名物のメンチカツを求めて並ぶ人々
ジューシーなお肉に甘みのある玉ねぎも
たっぷり！ サクサク揚げたてです

まめ蔵

スパイスの香るカレーは
煮込まれ奥深い
味わいです
ラッシーとの相性最高！

お皿に描かれた
イラストがかわいい

1978（昭和53）年創業の欧風カレーのお店
落ち着いた空間で こだわりのカレーが
いただけます

愛用の文房具グッズ その❷

高校生の頃にお年玉で買い、中身を足して使い続けているのがウィンザー＆ニュートンの固形水彩絵具。サクラクレパスの水性ペン（耐水性あり）とファーバーカステルの色鉛筆も30年以上愛用中です。ステッドラーの水筆は、使用後にティッシュオフで色を洗い落とせるスケッチ旅の必需品。そして、和風の描画にはターナー、人を描く時は肌色が得意なホルベインの透明水彩絵具を使うなど、色味ごとに絵具のメーカーを使い分けるのも楽しいです。

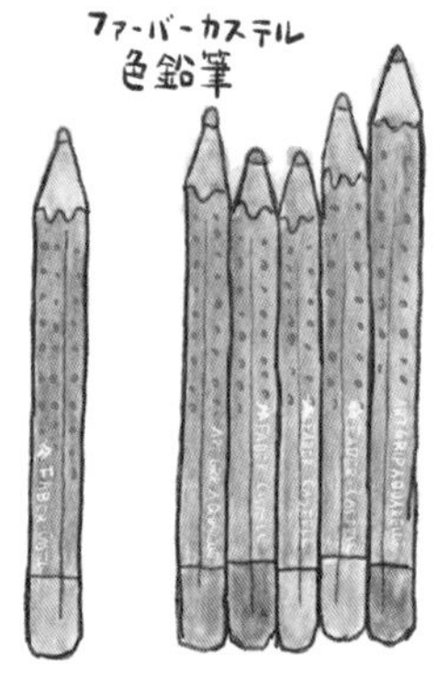

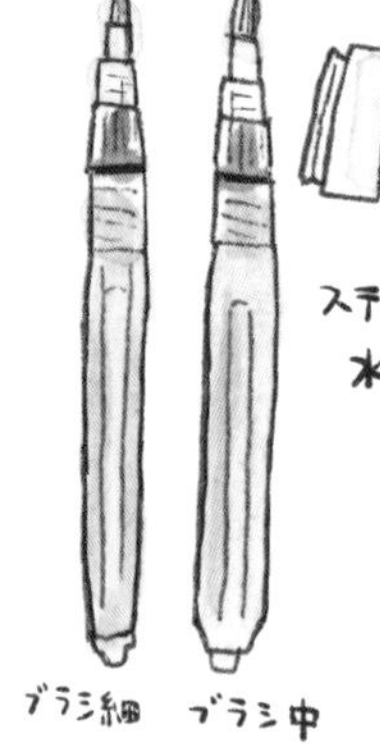

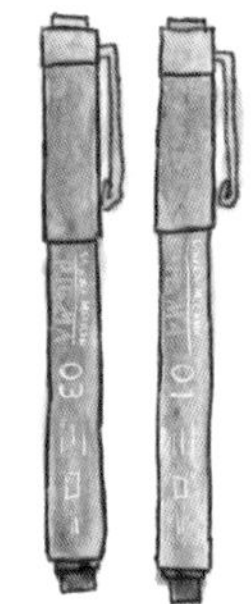

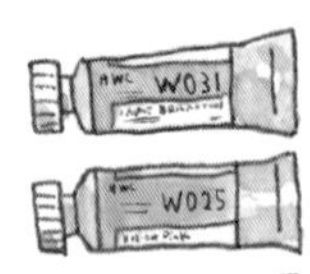

Part 2

昼飲みさんぽ 特別な日を味わう

自家焙煎コーヒーのいい香りに誘われて入ったロースタリーや、ブドウの収穫から醸造まで手がけるワイナリー、ガラス越しに見える醸造タンクで高品質なクラフトビールを製造するブルワリーなどで、作りたてをいただきました。開発ストーリーを聞きながら飲む1杯はよりおいしく、日常が特別感に包まれます。どれも顔の見える生産者が自然の恵みで作り上げたこだわりの味。お気に入りを持ち帰って、家で飲むのも幸せなひとときです。

FEBRUARY COFFEE ROASTERY
➡ p.142
㊟ 東京都台東区浅草2-28-18
Instagram @februarycoffeeroastery

ロースタリーでくつろぐ時間

以前にワイン関係の仕事に関わっていたのもあって、ドリンクショップ全般に興味をそそられます。中でも気になるのが、センス溢れるおしゃれなコーヒーロースタリー。焙煎豆のかぐわしい香りにつられて、ドキドキしながらお店の扉を開きます。ふらりと立ち寄ったカフェでもおいしいコーヒーがいただけるのは、ハイレベルなカフェ激戦区の東京ならではでしょうか。イートインスペースで店内の雰囲気を楽しみながらくつろいだり、気になるコーヒー豆を持ち帰って、家でゆったりとコーヒータイムを過ごしたり。満足度の高いコーヒーは、どんな時も非日常の安らぎをもたら

The Cream of the Crop Coffee
➡ p.144
㊟ 東京都江東区白河4-5-4
HP https://c-c-coffee.com/
Instagram @thecreamofthecropcoffee

半月焙煎研究所
➡ p.143
㊟ 東京都台東区蔵前4-14-11,102
HP https://www.fromafar-tokyo.com/hangetsuroastery
Instagram @hangetsuroastery

Coffee Wrights
蔵前

➡ p.143
㊟ 東京都台東区蔵前4-20-2
HP https://coffee-wrights.jp/
Instagram @coffeewrights_kuramae

してくれます。

店頭で勇気を出してコーヒー豆の選び方について質問してみると、スタッフの方が懇切丁寧に特徴を教えてくれました。テイスティングさせてもらえたのも特別な体験です。世代や性別を超えたコミュニケーションを楽しめるのも、「コーヒー」という共通言語があるからこそ。お気に入りのコーヒー豆に出会えた時には「良い一日だったなあ」という充実感に浸りながら家路につきます。パッケージラベルのかわいいコーヒー豆は、大切な人へのお土産にもぴったり。コーヒーに合う焼き菓子も一緒に買って帰りました。

こちらでご紹介するのは、さんぽの途中で見つけた自家焙煎のロースタリー。大きな焙煎機と、奥の深いコーヒー作りに情熱を捧げるバリスタに会えますよ。

オニバスコーヒー
中目黒

➡ p.145
㊟ 東京都目黒区上目黒2-14-1
HP https://onibuscoffee.com/
Instagram @onibuscoffee

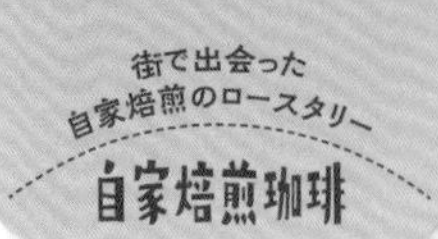

フェブラリー
ブレンド

華やかな中煎り豆

カフェには
スイーツメニューもあり
プリンが人気！

ピンクの焙煎機が目を引く
かわいい雰囲気のロースタリー
扉を開けると豆を焙煎する香りと
お店で作られる焼き菓子の香りで
幸せな気持ちになります

FEBRUARY COFFEE ROASTERY （浅草）

Coffee Wrights蔵前

(蔵前)

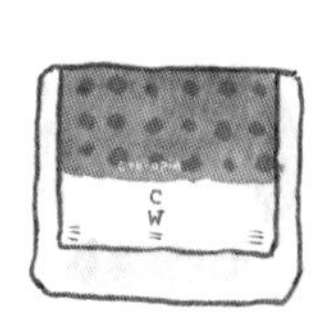

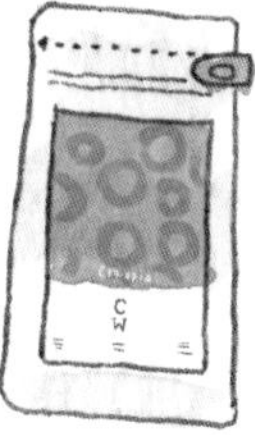

お店の名前 コーヒーライツは
「コーヒーをつくるん」という意味
コーヒーを愛するバリスタさん揃いで
とても丁寧に 相談に応じて
くれます. 2階はイートイン スペースで
公園を眺めながら くつろぎの一杯を

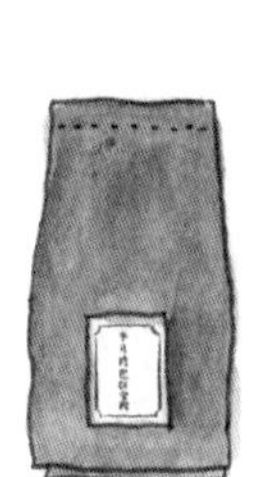

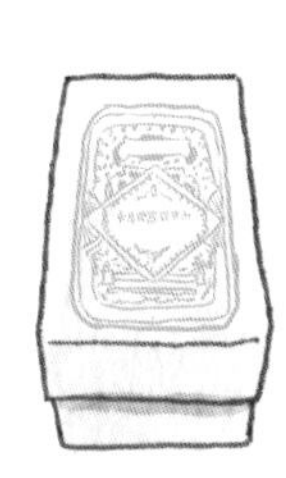

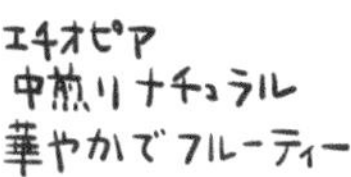

エチオピア
中煎り ナチュラル
華やかで フルーティー

半月焙煎研究所 (蔵前)

喫茶半月の隣にある ロースタリー
コーヒーのテイクアウトと焙煎豆を
販売しています
センスが良く 落ち着きのある 佇まいで
豆のパッケージ もかわいいので
お土産にも

The Cream Of the Crop Coffee

(清澄白河)

オーダー後に豆を挽いて
ハンドドリップで淹れてくれる
コーヒーは深みがあり
バランスが絶妙！ おいしさに
開眼しました

巨大なアメリカ製の焙煎機が
主役の倉庫は広々とした空間に
ソファーが置かれくつろいでおいしい
コーヒーが味わえます

購入した豆にもワンちゃんが！

川沿いにある倉庫をリノベーションした
お店は、かわいい犬のイラストが目印
コーヒーの街と呼ばれるようになった
清澄白河の発信元の
ロースターです

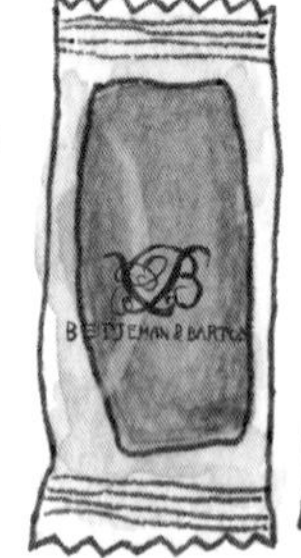

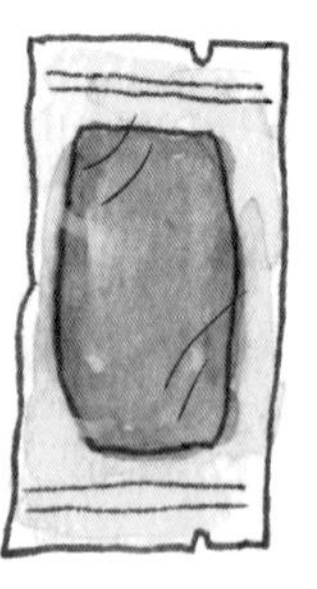

パリの紅茶ブランド「ベッジュマン＆バートン」の紅茶や焼き菓子も取り扱っています

1階はコーヒーを受け取って
すぐに座れるベンチがあります

古民家のような味わいのある一軒家のカフェ
目の前に公園もあり駅の近くにありながら
安らげる場所．オニバスとはポルトガル語で
「公共バス」万人の為にという意味なのだそう

オニバスコーヒー 中目黒

（中目黒）

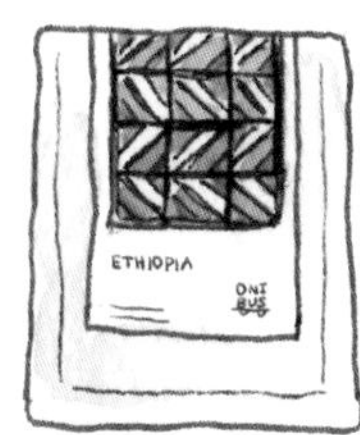

グラフィカルなラベルが素敵なコーヒー豆
おいしいコーヒーに出会えました

2階は公園と電車が見える
窓側の席が人気

渋谷ワイナリー東京
➡ p.148
㊟ 東京都渋谷区神宮前6-20-10 MIYASHITA PARK North 3F
HP https://www.shibuya.wine/
Instagram @shibuyawainery_tokyo

新鮮なワインを味わう贅沢

ワイン好きが高じてワインエキスパートの資格を取得した私、東京にも素敵なワイナリーがあると聞いて見学に行ってきました。どの醸造所も情熱を注いで造られているのはもちろん、とくに驚いたのが旬の時期に山梨や長野へ出向いて収穫したブドウを原料に、都内で醸造するという都市型ワイナリー。それは、フランスのワイン商が自分の畑を持たずに、農家からブドウや果汁を買い付け、自社で製品化するスタイルに似ています。大泉学園にあるワイナリーでは、地元の練馬産や国立産のブドウで醸造したワインも販売されていました。ガラス越しに醸造風景や作業

東京ワイナリー
➡ p.151
㊟ 東京都練馬区大泉学園町2-8-7
HP https://www.wine.tokyo.jp/
Instagram @tokyowinery

清澄白河フジマル醸造所
➡ p.150
㊟ 東京都江東区三好2-5-3
HP https://www.papilles.net/

深川ワイナリー東京

➡ p.149
住 東京都江東区古石場1-4-10 高畠ビル1F
HP https://www.fukagawine.tokyo/
Instagram @fukagawawinery_tokyo

工程を目の当たりにしたり、ブドウの収穫ツアーに参加したりすると、「ワインは自然の恵みが生み出した飲み物」という感覚がより息づくような気がします。

生産者さんから開発までのストーリーを伺いながら、作りたての新鮮なワインをいただく時間は贅沢そのもの。作り手の顔が見えるワインを手にとる幸せを感じます。また、ラベルに描かれたイラストや模様を眺めるのも大好き。ワイン好きの人なら、ぜひ試飲（有料の場合もあります）を。

ビストロやレストランが併設されたワイナリーでは、相性の良いワインと料理のペアリングランチも楽しめます。瓶ではなくパックに詰まったワインは、重すぎないのでお土産にもぴったり。樽出しのフレッシュな味わいを、自宅でも楽しむことができますよ。

BookRoad 葡蔵人

➡ p.151
住 東京都台東区台東3-40-2
HP https://www.bookroad.tokyo/

渋谷ワイナリー東京（渋谷）

渋谷駅近くのおしゃれなビル「MIYASHITA PARK」3Fにある
ビストロ併設の都市型ワイナリーです
秋には長野や山梨まで行って ブドウを収穫し、春には
ニュージーランドやオーストラリアから届いた ブドウを醸造
造りたてのワインを樽出しで楽しめます

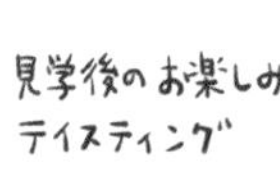

ワイナリー醸造責任者の
村上さん

ピジャージュ（櫂入れ）
作業は果皮の成分を果汁に
抽出していく大切な工程

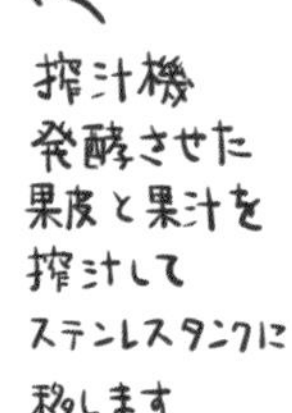

搾汁機
発酵させた
果皮と果汁を
搾汁して
ステンレスタンクに
移します

醸造所見学＆試飲（有料）
ワインが好きならぜひ
訪れていただきたい
店内のカウンター席からも
見る事が出来ます

渋谷ワイナリー東京

買い物帰り気軽に
ワインが買えるよう
パック販売も!
しかも樽出しなので
フレッシュなまま
家で飲めます

ビストロでランチの
日替りパスタを
生麺がもちもちで
おいしかったです

カウンターテーブルからはガラス越しに
醸造所が見えるので作業風景を眺めながら
ワインを飲む事も出来ます

金子さん宮田さんによる初リリース
ワインのカベルネ・ソーヴィニヨン
「セラヴィ!」人生こんなもんさという意味の
フランス語で気軽に楽しめるワインです

深川ワイナリー東京

(門前仲町)

渋谷ワイナリー東京で飲んだワインがおいしくて
姉妹店の深川ワイナリー東京にも行ってみました
こちらも長野や山梨へ収穫に行くそうですが
収穫ツアーや醸造見学など様々なイベントを
企画されています!

ソムリエ&醸造家の
宮田さん

新醸造長の
金子さん

清澄白河 フジマル醸造所

（清澄白河）

ビルの2階に入口がある隠れ家のようなイタリアンレストラン併設のワイナリーです
旬の食材を使った料理は上品でワインによく合います. 自社ワインの他に国内外200種のワインをオンリスト

レストランを利用した後に醸造所を見学出来ます
主に東日本の農家からブドウを買いこちらで醸造しているそうです

料理に合わせて
Draft wineをグラスで
ビールサーバーから
生ビールのように
注ぐ名物ワイン
山形産
メルロー
山形産
シャルドネ
と
デラウェア
ステンレスタンクだけでなく
ワイン樽もたくさんありました

山形県産
デラウェアかもし

無ろ過無清澄の
濁りワイン

秋にはガラス越しに
作業風景を見られる事も
丁度搾汁作業されて
いました！

東京ワイナリー（大泉学園）

西武池袋線 大泉学園駅から徒歩10分程
東京で最初のワイナリーです
練馬産や国立産のブドウで造られた
ワインもあります

スパークリングワインを
ボトル詰めして持ち帰れる
「TAP sparkling」は
都市型ワイナリーならでは！
選んだワインと相性の良い
食材のイラストをボトルに
描いてくれます

仲御徒町駅から歩いて2分程の
都市型ワイナリー
長野県・山梨県の契約農家と
茨城県の自社農園で収穫した
ブドウを醸造されています
1階の店先ではワインの有料試飲
3階には併設レストランがあり
ペアリングランチなど楽しめます！

Book Road 葡蔵人
（仲御徒町）

KUNISAWA BREWING Co.
➡ p.154
住 東京都港区新橋5-31-7 2F
HP https://www.kunisawabrewing.tokyo/

個性的なアーバンブルワリーへ

店内で醸造した造りたてのクラフトビールが飲めるアーバンブルワリーへ。中でも、都心に増えている小さな醸造所のことを「マイクロブルワリー」と呼ぶそうです。みなさん熱量が高く、フルーツが原料のオリジナルビールを開発したり、地域に根付くショップ同士でコラボメニューを生み出したり、ビアレストランとしてお酒に合う料理にも力を入れていたりなど、個性的で形にとらわれない自由度を感じます。客層や規模もブルワリーによってさまざま。

100年以上続く酒屋が手がける麦酒堂KASUGAIは、国立の静かな住宅街の中

ふたこビール醸造所
➡ p.157
住 東京都世田谷区玉川3-13-7 柳小路南角2F
HP https://futakobeer.com/
Instagram @futakobrewery

Okei Brewery Nippori
➡ p.156
住 東京都荒川区東日暮里5-37-4
Instagram @okei_brewery_nippori

麦酒堂KASUGAI

➡ p.155
住 東京都国立市東3-17-27
HP https://b-kasugai.com/

にあり、若者だけでなくご年配の方々も訪れていました。奥新橋にあるKUNISAWA BREWINGは、文房具のオリジナルブランドも手がける、老舗の活版印刷所が立ち上げた新橋の醸造所。独自のクラフトマンシップを活かした取り組みが印象的です。

すぐに顔が赤くなる、お酒に弱い私にぴったりだったのは、飲み比べができるビアフライト。好きなビールを選んで、少量ずつ色々な種類をテイスティングできるのが嬉しいです。二子玉川のふたこビール醸造所では、地元世田谷産のホップでビールを造るなど、街づくりにつながる試みが魅力的。温度や炭酸をキープしたまま持ち運びができるマイボトル「グラウラー」を使えば、ビールのテイクアウトもできます。時代の進化とともに、お持ち帰り文化の変化も感じました。

Far Yeast Tokyo

➡ p.157
住 東京都品川区西五反田1-15-6
HP https://faryeast.com/bar/brewery-grill/
Instagram @faryeastbrewing

KUNISAWA BREWING Co.（新橋）

新橋駅から少し離れたオフィス街にある
クラシックで美しい建物のブリューパブ
元は1971（昭和46）年から続く印刷会社でした
醸造所を開設しクラフトビールを造っています
1階が醸造所、2階がパブです

ビールによく
合うおつまみを
取り揃えて
います
ソーセージ
盛り合わせ

シンバシ
ペールエール

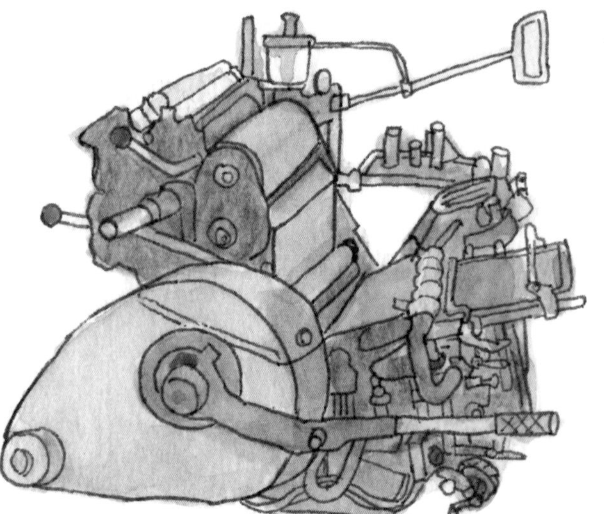

シンバシ
クラシックラガー

「ビアフライト」
好きなクラフトビールを
選んで食み比べ

麦酒堂KASUGAI

国立で100年以上の歴史がある酒屋
「せきや」のブルワリーとビアレストラン
和モダンの広々とした店内にテラス席も
国立駅から徒歩で15分程、予約がおすすめです
国立駅近くに酒屋とタップスタンドがあり
お土産にも！

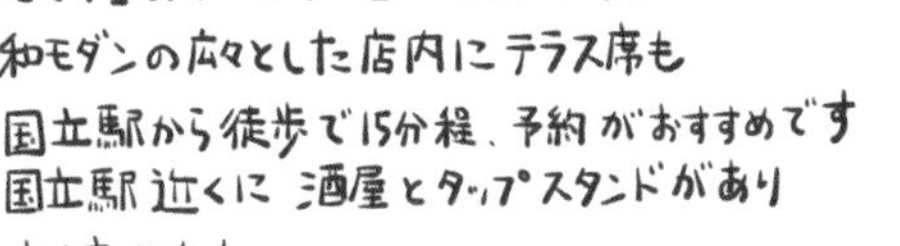

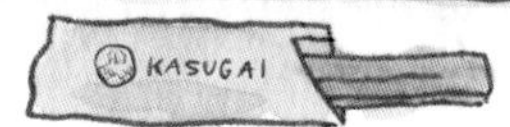

ランチメニューのビール衣で揚げた
天ぷら定食＋くにぶるミニビール付
天ぷらサクサクです！

Okei Brewery Nippori（日暮里）

日暮里駅から徒歩6分程、住宅街にある
ブリューパブです
併設ブルワリーで醸造されたクラフトビールと
本格的な料理が楽しめます
サングラスの看板が目印です

ガラス越しに醸造タンクを
見る事が出来ます

料理はフレンチベースの
手の込んだメニュー揃い
でビールによく合います

鶏レバーの生姜煮
おすすめです！

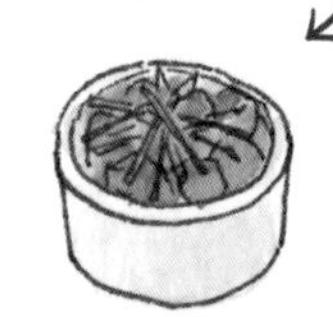

ふたこビール醸造所（二子玉川）

ビール造りで出た
麦カスを食べて育った
ニワトリの卵を使用した
出汁巻き卵

二子玉川で地域に根ざしたビール造りを
しているブリューパブです
店内で醸造したフレッシュなビールと
おつまみが楽しめます
ペールエールやラガーの他に地域の
農産物を使ったビールなどもあります

店長の栗本さん

持ち帰りも!

川辺でビールを
楽しみたい方には
グラウラー（水筒）
レンタルもOK。

「ビアフライト」は
飲み比べセット

JR五反田駅から徒歩5分程
高架下にあるおしゃれなブルワリーレストラン
広々として落ち着いた店内
山梨県小菅村にある醸造所直送の
クラフトビールはフルーティで華やかな
味わいで女性からも人気です

Far Yeast Tokyo

（五反田）

待ち時間や道の途中で描いた
さんぽスケッチ

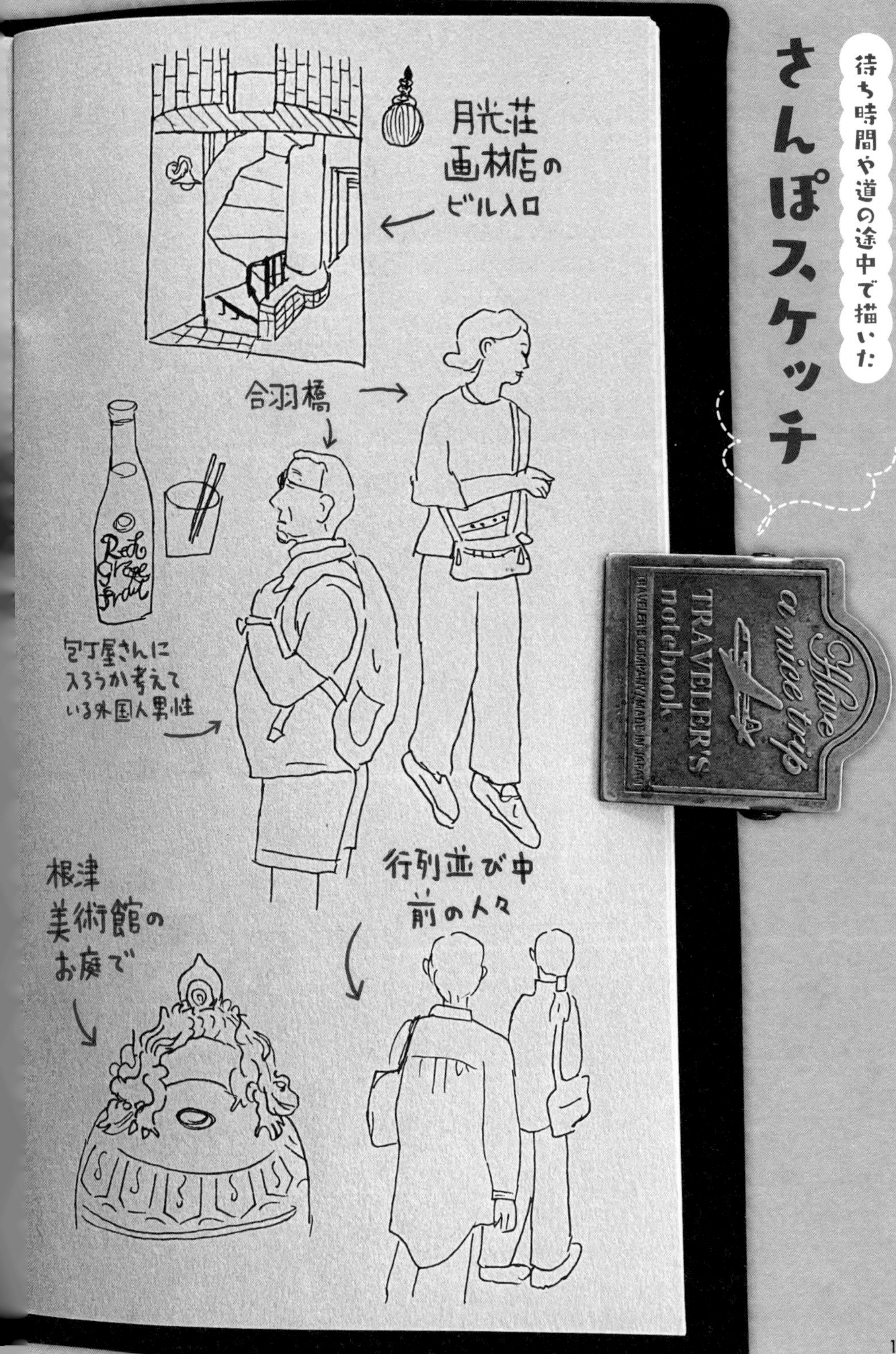

月光荘画材店のビル入口
合羽橋
Red Grape Fruit
包丁屋さんに入ろうか考えている外国人男性
行列並び中前の人々
根津美術館のお庭で
Have a nice trip
TRAVELER'S notebook
TRAVELER'S COMPANY/MADE IN JAPAN

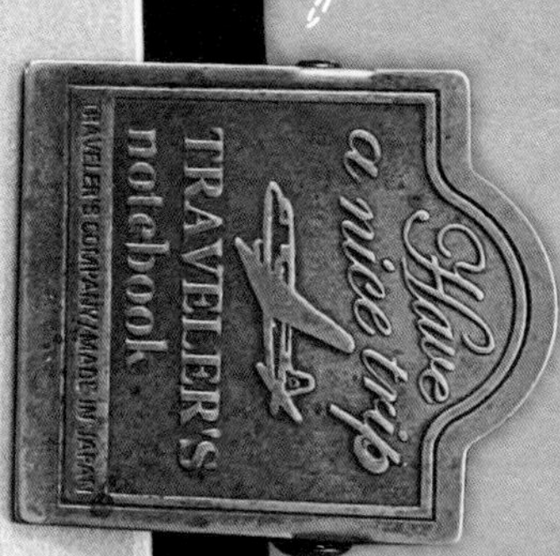

行列で並んでいる時、お店に入ってコーヒーを飲みながらのんびりしている時などに描いていたものたち。気になった人や建物、忘れたくない風景はいつもこんなふうにトラベラーズノートに鉛筆やペンで書き留めています。

Tamy（たみー）

イラストレーター、エッセイスト。
ドイツワインの輸入商社勤務を経て、結婚・出産。２児の子育てと義両親の介護の傍ら、ワインエキスパートの資格を取得。トラベラーズノートに描いた食べものやさんぽの日記がInstagramで話題に。丁寧でやさしいイラストで国内外から人気を呼ぶ。
現在「ESSE online」でレシピ記事を連載中。著書に『たべてしあわせ　おいしいノート』（三交社）、『世界一おいしいワインの楽しみ方』（三笠書房）などがある。

装丁・本文デザイン／田中真琴
校閲／横山美和
執筆協力／大場敬子
編集協力／宗像練（山と溪谷社）
編集／岩名由子（山と溪谷社）

トラベラーズノートと歩く 東京のかわいい街さんぽ

2024年4月20日　初版第1刷発行
2024年9月25日　初版第2刷発行

著者　Tamy
発行人　川崎深雪
発行所　株式会社山と溪谷社
〒101-0051　東京都千代田区神田神保町１丁目105番地
https://www.yamakei.co.jp/
印刷・製本　大日本印刷株式会社

●乱丁・落丁、及び内容に関するお問合せ先
山と溪谷社自動応答サービス　TEL.03-6744-1900
受付時間／11：00-16：00（土日、祝日を除く）
メールもご利用ください。
【乱丁・落丁】service@yamakei.co.jp
【内容】info@yamakei.co.jp

●書店・取次様からのご注文先
山と溪谷社受注センター
TEL.048-458-3455　FAX.048-421-0513

●書店・取次様からのご注文以外のお問合せ先
eigyo@yamakei.co.jp

Printed in Japan
ISBN 978-4-635-24129-8